**Gemeinwirtschaft und Gemeinwohl
Social Economy and Common Welfare**

herausgegeben von | edited by
Dr. Philipp Degens
Mag. Dr. Andreas Exner
Dr. Jens Martignoni
Prof. Dr. Frank Schulz-Nieswandt

Band 11 | Volume 11

Peter Eichhorn

Ich und das Ganze

Wechselwirkungen zwischen mir und meiner Umwelt

Onlineversion
Nomos eLibrary

Die Deutsche Nationalbibliothek verzeichnet diese Publikation in der Deutschen Nationalbibliografie; detaillierte bibliografische Daten sind im Internet über http://dnb.d-nb.de abrufbar.

ISBN 978-3-7560-1423-1 (Print)
ISBN 978-3-7489-1962-9 (ePDF)

1. Auflage 2024
© Nomos Verlagsgesellschaft, Baden-Baden 2024. Gesamtverantwortung für Druck und Herstellung bei der Nomos Verlagsgesellschaft mbH & Co. KG. Alle Rechte, auch die des Nachdrucks von Auszügen, der fotomechanischen Wiedergabe und der Übersetzung, vorbehalten. Gedruckt auf alterungsbeständigem Papier.

Vorwort

Wie heißt es so schön? Der Mensch ist Individuum und zugleich soziales Wesen. Damit werden seine Rollen bestimmt: als Person zu agieren und einem Kollektiv anzugehören. Will man das Beziehungsgeflecht ergründen, erkennt man schnell, dass der einzelne Mensch mit seiner Umwelt verwoben ist. Forscher, Unternehmer, Staatslenker, Parteiführer, Kirchengrößen, Offiziere, Sportler oder Künstler profilieren sich sowohl um ihrer selbst willen als auch im Interesse des Großen und Ganzen von Wissenschaft, Wirtschaft, Staat, Partei, Religion, Militär, Wettkämpfen, Theater usw. Das Wie, das Wo und das Warum sollen erklärt werden. Vielleicht gelingt es, Verständnis zu wecken und dazu beizutragen, Brücken zwischen dem Menschen und seiner Familie, Gruppe, Schicht und Klasse zu schlagen, gegebenenfalls auch das Beziehungsgeflecht zum Gesellschaftssystem, zur Rechts- und Wirtschaftsordnung und natürlichen Umwelt zu ergründen.

Den Leser und die Leserin* erwarten zwölf Kapitel jeweils mit mehreren Abschnitten. Zunächst wird beschrieben, welche unterschiedliche Lebenswelten den

---

* Im Folgenden wird zur Erleichterung der Lesbarkeit bei Personenbezeichnungen in der Regel die männliche Form gewählt. Sie umfasst sowohl männliche als auch weibliche Personen.

Vorwort

Einzelnen umgeben. Man wird über deren Vielzahl und Vielfalt staunen.

Im zweiten Kapitel kommen Artefakte zur Sprache, die formale Bindungen veranschaulichen. Es überraschen Verträge und andere Dokumente sowie Mitgliedschaften, Talare, Abzeichen und Orden. Dass sich der Einzelne auch einer internen Gesinnung verschrieben haben kann und dass er seine informelle Zugehörigkeit durch die Teilnahme an Demonstrationen und Prozessionen oder die Pflege von Manieren und Corpsgeist offenbart, wird im dritten Kapitel behandelt.

Danach widmet sich der Text im vierten Kapitel den Aktivitäten, die von der Umwelt ausgehen und den einzelnen Menschen in seiner Freiheit, Selbstständigkeit und Unabhängigkeit beschneiden. Hier erfährt der Leser, mit welcher inneren Einstellung man den Umwelten begegnet, genauer: sich ihnen widersetzt oder sie toleriert.

Im fünften Kapitel wird versucht, die Frage zu beantworten, wie der Einzelne auf das Ganze einwirken kann, insbesondere welche Wirkungen er zu erzielen vermag. Es deutet sich an, dass Eigenschaften vorhanden sein müssen und nur bestimmte Konstellationen Wege weisen können, um den Willen durchzusetzen bzw. eine Einflussnahme zu erlauben.

Das sechste Kapitel konzentriert sich auf nicht ausbleibende Konflikte, etwa auf spannungsreiche Interdependenzen zwischen individuellen Ambitionen und kollektiver Verantwortung bzw. zwischen eigenständigem Verlangen und sozialen Zwängen.

Konflikte resultieren aus staatlichen und technologischen Entwicklungen. Der Einzelne gerät laut siebtem Kapitel in den Strudel von Machthabern und auch der Digitalisierung. Dabei kommt dem Geld besondere Bedeutung zu. Und Demokratien neigen zur Technokratie.

Der einzelne Mensch und der ganze Ordnungsrahmen werden zunehmend vom technologischen Fortschritt erfasst. Er kann nützlich und schädlich sein (8. Kapitel) und zu Auseinandersetzungen mit Unbekanntem führen (9. Kapitel). Die Besinnung auf eigene Traditionen ist hilfreich.

Als Ausgangspunkt dient die Heimat, der ein eigenes kurzes (10.) Kapitel vorbehalten ist.

Damit der Einzelne auf das Ganze reagieren kann, benötigt er bestimmte Gaben. Das elfte Kapitel geht davon aus, dass jeder Mensch über Gaben verfügt und sie nur aus der Taufe zu heben sind.

Das Schlusskapitel thematisiert drei Bereiche in Deutschland, die als Ganzes grundlegender Reformen bedürfen: Hochschulen, Rundfunkanstalten, das Gesundheitssystem samt der Geisteshaltung der Bevölkerung. Es wird gezeigt, welche Schwierigkeiten sich in den Weg stellen.

Speyer, im Dezember 2023 *Peter Eichhorn*

Inhaltsverzeichnis

Erstes Kapitel:
Nahe und ferne Lebenswelten   13

    Die Geburt als Tor zur Welt   13

    Wohltuende Freundschaften   14

    Verstörende Feindschaften   16

    Kleine Effekte ganz groß   17

    Natur und kulturelle Pflege   19

    Zivilisation braucht Ethik   21

    Keine Ethik ohne Zivilcourage   23

    Ich und der riesige Rest   25

Zweites Kapitel:
Belege für formale Bindungen   31

    Evidente Zugehörigkeit   31

    Eingetragene Vereine   33

    Genossenschaften   35

    Diverse Rechtsformen   36

    Fakten, Personen, Zahlen   38

Inhaltsverzeichnis

Drittes Kapitel:
Bewusste informelle Zugehörigkeit   39

    Vier bunte Beispiele   39

    Effekte des Verhaltens   41

Viertes Kapitel:
Was macht das Ganze mit mir?   43

    Bei globalen Wechsellagen   43

    In einer neuen Position   45

    Mit internationalem Bezug   47

    Vorrang hat die Bildung   48

    Anpassen oder opponieren   49

Fünftes Kapitel:
Wie kann ich auf meine Umwelt einwirken?   53

    Erkennen und überzeugen   53

    Selektives oder universelles Vorgehen   55

    Taktisches oder strategisches Entscheiden   56

Sechstes Kapitel:
Die Kluft zwischen Verhalten und Erwartung   59

    Ein bipolares Erklärungsmodell   59

Inhaltsverzeichnis

Siebtes Kapitel:
Macht und Gegenmacht auf der Balkenwaage — 63

   Herrschaft durch Kommunikation — 63

   Macht generiert Gegenmacht — 65

   Geld in Wirtschaft und Staat — 67

   Demokratien neigen zur Technokratie — 70

   Fachhochschulen für Handwerker — 71

Achtes Kapitel:
Der Einzelne und Fantasien des Fortschritts — 73

   Nutzen und Schaden des Fortschritts — 73

   Freiheitsrechte fördern Fortschritt — 75

Neuntes Kapitel:
Auseinandersetzungen mit Unbekanntem — 79

   Umbruch, wohin man schaut — 79

   Pluralismus ist eine Lösung! — 81

   Besinnung auf eigene Traditionen — 83

Zehntes Kapitel:
Jeder Mensch braucht eine Heimat — 87

   Lokale und soziale Beziehungen — 87

   Heimatkunde ist out — 88

   Wahlheimat ist in — 90

Inhaltsverzeichnis

Elftes Kapitel:
Begabung ist Tradition plus Innovation   93

    Jeder hat bestimmte Gaben   94

    Spitzenförderung tut Not   96

Zwölftes Kapitel:
Am Ende zählt das Bürgerwohl   99

    Zum Niedergang der Hochschulen   100

    Superlative in den Medien   107

    Gesundheit — eine Sache des Geldes   116

    Krankenvereine auf Gegenseitigkeit   121

    Zeitgeist und Geisteshaltung   123

    Oberstes Strategieziel: Bürgerwohl   124

Erstes Kapitel:
Nahe und ferne Lebenswelten

Die Geburt als Tor zur Welt

Niemand ist ganz allein. Schon im Mutterleib lebt der Fötus mit und von der Mutter. Bei der Geburt ist jeder Mensch auf ihre Hilfe und meistens auf die Mitwirkung Dritter angewiesen. Im Krankenhaus, zu Hause oder unterwegs fördern ärztliche oder nichtmedizinische Personen das Baby zu Tage, jedenfalls wird es Teil der Lebenswelt. Mutter und Kind, später Eltern, Familie, Kindergarten, Schulklassen, Freundschaften und Nachbarschaft bilden die Lebensabschnitte. Hinzu kommen Partner bei der Ausbildung und beim Studieren und es folgen Begegnungen im Familien- und Freundeskreis, gemeinsame Tätigkeiten und Mitgliedschaften in Vereinen und Verbänden, Zusammenarbeit in Betrieben und Behörden, in Parteien, Gemeinden und in Ehrenämtern. Kooperationen und Konflikte im Geschäftsleben und bei Erbengemeinschaften sowie Gleichgültigkeit, Rivalitäten, Ablehnung, Spott, Hass, bewaffnete Auseinandersetzungen usw. zählen auch dazu.

Aus dieser Aufzählung lässt sich schließen, dass die diversen Lebenswelten kurzzeitige und dauerhafte, natürliche und organisierte, tatsächliche und rechtliche, rationale und emotionale, offene und verschwiegene, erlaubte und verbotene Verbindungen aufweisen.

Fragt man nach der Intensität der Bindungen, bietet sich eine Rangfolge an zwischen engen und losen Verbindungen, die zu nahen und fernen Lebenswelten führen. Die engste Verbindung besteht wohl zwischen Mutter und Kind, gefolgt vom Verhältnis zwischen Arzt und Patient. Eng sind die ehelichen und familiären Bande. Gelegentlich entwickelt sich auch eine intensive Betreuung zwischen Ausbildern, Lehrern, Seelsorgern und ihren jeweiligen Adressaten. Bei Freundschaften stößt man auf enge Beziehungen, manchmal enger als zwischen Verwandten, und auf nicht feste Beziehungen, die eher als Bekanntschaft zu qualifizieren sind.

Wohltuende Freundschaften

Überhaupt Freundschaften. Sie können in jedem Lebensabschnitt geschlossen werden und weisen zahlreiche Spielarten auf. In jüngeren Jahren dominieren oft (positive und negative) Gemeinschaftserlebnisse. Sie schweißen zusammen, solange sich Freunde mit einer Situation konfrontiert sehen, miteinander durch „dick und dünn gehen" und sie endet, wenn man sich „aus den Augen, aus dem Sinn" verliert. Längere Freundschaften, das heißt Freundschaften über viele Jahre hinweg, entstehen durch gemeinsame Interessen in sportlichen und kulturellen, beruflichen und gesellschaftlichen Bereichen. Sie können mehr formaler Natur sein oder eine innige Beziehung verkörpern und existieren zwischen Männern, zwischen Frauen oder zwischen den Geschlechtern. In den Jahren der Freundschaft stärken sich häufig die Bande der Sympathie und wachsen Verlässlichkeit, Vertrauen und Verantwortlichkeit. Ältere Generationen schlossen früher Duz-Brüderschaft; die Jugend heute tut es von vornherein. Solche Freundschaften klammern oft zurückliegende Geschehnisse aus, etwa Herkunft, Partnerschaft, gesellschaftliche Anerkennung oder Brandmarkung.

Auf freundschaftlicher Basis gedeihen gern Gemeinschaften in Studentenverbindungen, im Mannschaftssport, in Serviceclubs, Kanzleien und Praxen, Vereinen, Verbänden, Kirchen, Orden, Stiftungen und Stammtischen. Nicht Geisteshaltung und Geselligkeit, sondern situative Gegebenheiten prägen Arbeitsteams und Nachbarschaften, auch die bürgerliche Zusammengehörigkeit bis hin zur vaterländischen Verbundenheit. Sie scheint allerdings im Rückzug begriffen zu sein, wie man bei internationalen Sportwettkämpfen, Musikcontests und Geberländerkonferenzen feststellen kann.

Stets nimmt der einzelne Mensch als Ausgangs- und Bezugspunkt Teil und kreisen Konkurrenz, Koordinierung und Kooperation um ihn und sein kollektives Dasein.

Erstes Kapitel: Nahe und ferne Lebenswelten

Verstörende Feindschaften

Eine weitgehend ähnliche Abstufung existiert auch bei widrigen Beziehungen zwischen einzelnen Menschen und ihrem lokalen, regionalen, nationalen und internationalen Umfeld. Es kann ungemütlich einwirken, etwa Harmonie stören, ja bedrohen, verletzen, töten und Feindschaften aufbauen und vertiefen. Widrigkeiten und Feindschaften resultieren aus eigenen oder fremden Verhaltensweisen, mögen sie auf Unwissenheit, Missverständnissen, Wetteifer oder schadenstiftenden Einflussnahmen beruhen. Feindschaften finden zwischen Personen und zwischen Institutionen statt. Bei letzteren kann es sich um kommerzielle Unternehmen, öffentliche und gemeinnützige Organisationen, Staaten und Staatenbündnisse handeln. Eine dritte Art von Feindschaft besteht zwischen Personen und Institutionen. Exemplarisch lässt sich die Annexion einer Region durch einen Staat nennen, bei der die Besatzungsmacht auf Widerstand der Unterworfenen stößt.

Feindschaften zwischen Menschen, zwischen Institutionen und zwischen Menschen und Institutionen erwachsen aus historischen oder aktuellen Gründen. Schuld dafür sind hauptsächlich Verharren auf Rechtspositionen, vertraglichen Zwängen, Volksverführung, Machterhalt und Machtstreben, daneben auch verbale Attacken und andere Animositäten. Es können Vorurteile der Menschen geschürt und Unvermögen der Regierenden offenbart werden.

Kleine Effekte ganz groß

Freundschaften und Feindschaften haben eine gemeinsame Wurzel. Es ist die Sorge. Sorge einerseits um Freunde, andererseits um sich selbst (eingeschlossen engste Partner). Wie gesagt, niemand ist ganz allein. Irgendwann braucht auch ein Eremit einen Beistand, Singles sowieso. Und selbst schlecht gelaunte Urlaubsrückkehrer teilen üble Laune mit anderen am Ferienende, englisch als post-vacation syndrome bezeichnet (keine Krankheit, aber ein Stimmungstief).

Ob er oder sie es will oder nicht, jeder Mensch gehört einer Gesamtheit an. Das Problem besteht darin, dass er oder sie sich das nicht bewusst macht. Wählen wir ein simples Beispiel aus dem Alltag. Viele Menschen essen am Morgen gern ein frisch gebackenes Brötchen vom Bäcker. Doch es fehlen immer häufiger Bäckereien an vielen Orten. Aus wirtschaftlichen Gründen scheint es sich vor allem im ländlichen Raum nicht mehr zu lohnen, Brötchen und Brot zu backen und zu verkaufen. (Man könnte darüber grübeln, dass durch solche Entwicklungen das kapitalistische Wirtschaftssystem seine Grenzen findet). Selbstversorgung und Backautomaten bieten keine attraktiven Alternativen. (Das wird wohl auch früher oder später das Thüringer Wirtschaftsministerium erkennen, das Einrichtung und Betrieb neuer Dorfläden rund um die Uhr zu fördern sucht.)

Was geschieht hier ökonomisch? Nachfrager lösen Bedarfsänderungen aus. Durch staatliche finanzielle Förderungen werden Steuermittel benötigt und abge-

Erstes Kapitel: Nahe und ferne Lebenswelten

zweigt. Sie können nicht mehr für wichtigere Aufgaben und Ausgaben des Staatshaushaltes eingesetzt werden. In den vom Mangel betroffenen Gemeinden müssen deren Ämter Fakten und Zahlen erstellen und Informationen für Genehmigungen und Förderungen zusammenfassen, etwa für die Entfernung zur nächsten Einkaufsmöglichkeit, den Zugang zum eventuell digitalen (personenlosen) Dorfladen, in dem die Kunden ihre Einkäufe scannen und mit Bankkarte über ein Bezahlungssystem bezahlen, sowie über Nachhaltigkeitsaspekte. Mit letzteren ist ein weiterer Wirkungskreis angesprochen: die etwaige Installation von Solaranlagen und eine ökologisch wirksame Distanzvernichtung der Autofahrer mitsamt des Aufwands an Zeit und Ressourceneinsatz für diese Sternfahrten. (Es soll hier nicht weiter erörtert werden, dass auch andere ungesättigte Märkte diese wirtschaftspolitische Flickschusterei einfordern und Förderprogramme für die Entwicklung des ländlichen Raums veranlassen.)

Für unsere Betrachtung wollen wir festhalten: Der einzelne Mensch, verstärkt durch zahlreiche andere Individuen, ist in die ökonomische und ökologische Umwelt eingeflochten. Sie wird vornehmlich durch Renditegesichtspunkte und Nachhaltigkeitsaspekte geleitet. Diese wiederum begrenzen den Handlungsradius jedweder menschlichen Betätigung. Alle menschlichen Aktivitäten werden mittlerweile durch globale Ökonomie, Logistik und Touristik tangiert und veranschaulichen dabei (wie geschildert) ungewöhnliche Schwachstellen.

Ob der Rückzug von Ladengeschäften und Handwerksbetrieben eine kleine oder große Schwäche enthüllt, wird sich zeigen. Größere Schwächen kommen gegenwärtig durch Autarkiebesetzungen, Restriktionen und Abhängigkeiten, Devisen- und Rohstoffmangel, Geldentwertungen, Engpässe bei Lieferketten und in der Energieversorgung zum Vorschein. Mit der zunehmenden Verdichtung und Vernetzung wachsen die Verflechtungen der Konsumenten, Investoren, Produzenten, Händler, Handwerker, Dienstleister und der einzelnen Privatperson als Arbeiter, Bedürftiger, Sportler, Naturliebhaber, Kulturtreibender, Rentner oder Ehrenamtler in das Gesamtgefüge.

Natur und kulturelle Pflege

Letzten Endes bestimmt unser Tun das Verhältnis zwischen Kultur und Natur, zeitgemäß verkürzt und kritisch formuliert: zwischen Zivilisation und Naturvereinnahmung. Sowohl das Befriedigen menschlicher Grundbedürfnisse, sich zu ernähren und zu kleiden, zu wohnen, zu arbeiten, zu lieben, wertzuschätzen, als auch die negativen sittlichen Einstellungen und Verhaltensweisen wie Egoismus, Neid, Gier, Hass, Bevormundung und Unterdrückung üben massiv Einfluss aus auf das eigene Leben und die umgebende Lebenswelt.

Der in einer zivilisatorischen Welt — mit anderen Worten: in einem infrastrukturell ausgestatteten Bereich — aufgewachsene Mensch kann sein Leben im Wesent-

Erstes Kapitel: Nahe und ferne Lebenswelten

lichen mit Gütern der Daseinsvorsorge gestalten. Es stehen ihm Wasser und Energie zur Verfügung. Kommunikationsmittel und Logistik ermöglichen Kontakte. Dienst und Einrichtungen von Staat und Kommunen und von Wohlfahrtsträgern sorgen für öffentliche Sicherheit und Ordnung, für Bildung, Erziehung, Gesundheit und Arbeit. Diese Wohltaten werden zwar oftmals nicht gewürdigt, ja, mancher hält sie für selbstverständlich, erkennt nicht, dass sie oft auf Leistungen vorangegangener Generationen beruhen. Dann kann es sogar passieren, dass sich Unzufriedenheit einstellt, weil man Daseinsvorsorge entweder nicht auszuschöpfen vermag oder andere davon profitieren, die nichts dazu beigetragen haben. Im äußersten sieht man im Zeitgenossen den Rivalen, den man auszusperren versucht. Gesellschaftliche Rivalität in Verbindung mit wirtschaftlicher Konkurrenz verführt zum Gegeneinander, was sich in Verträgen und rechtlichen Auseinandersetzungen (Rechtsstreitigkeiten, Gewährleistungen, Schadensregulierungen, Sanktionen, Konventionalstrafen, Erbschaften, öffentliche Abgabenpflichten, Betrügereien, Geldwäsche usw.) niederschlägt. Den schädlichen — um nicht zu sagen: schändlichen — Höhepunkt bildet Sozialschmarotzen. Es ist vergleichbar mit dem Raubbau in der Natur.

Vielleicht ist der Kipppunkt schon erreicht oder überschritten, wo die Zivilisation die Natur so bestürmt, dass diese sich nicht mehr zu regenerieren vermag, und auch nachgeholte gute Taten keine Besserung bewirken.

Diese zivilisatorische Integration des Einzelnen in die natürlichen Lebensgrundlagen fordert ihn heraus. Er muss seine Bedürfnisse und deren Deckung überdenken. Bisher gab die Rechtsordnung den Takt vor. Sie war mehr im zivilisatorischen und wirtschaftlichen als im ökologischen Bereich verankert. Angesichts des gefährdeten Naturhaushalts und Klimazustandes muss unser Verhalten in erster Linie ethischen Normen folgen. Kulturelle Pflege muss Teil des Lebens werden. Bescheidenheit ist das Gebot der Stunde! Es empfiehlt sich, dass der Bürger erstens Ressourcen sparsam verwendet, sie nach Gebrauch wieder verwertet und nutzt oder sie nach dem Verbrauch erneuert und nutzt, zweitens ihre Wirkungen auf die Umwelt bedenkt und erfasst und drittens zur Umweltverträglichkeit wendet.

Zivilisation braucht Ethik

Während die Rechtsordnung Rechte und Pflichten regelt, basiert ethisches Verhalten auf empfohlenen Normen. Deren freiwillige Befolgung ist das Problem. Zunächst müsste man im Hinblick auf die Natur Leitlinien, für die in Betracht zu ziehenden Tugenden verfassen. Ökologisches Wohlverhalten liegt (nach international verankerten Regeln) vor, wenn der Natur ihre Erneuerungsfähigkeit erhalten bleibt, Schadstoffe ihre Absorptionsfähigkeit nicht gefährden, technische Risiken eingeschätzt und versichert werden können, Energie aus

Erstes Kapitel: Nahe und ferne Lebenswelten

regenerativen Quellen stammt und nicht erneuerbare Ressourcen sparsam verbraucht werden.

Als sinnvoll erweisen sich Tugenden wie Bescheidenheit, ergänzt um Rücksichtnahme und Verzicht. Dass dieses Verhalten gravierende Verhaltensänderungen in der Bevölkerung fordert, ist absehbar. Begleitet werden müssen sie mit Diskussionsforen, Kampagnen und Präsentationen, um die Menschen zu überzeugen. Ähnlich Gerichten, die die Durchsetzung der Rechtsordnung beurteilen und sichern, sollten staatlich unabhängige Juryinstanzen Nutzenstiftung prüfen und protegieren und Schadensverursachung anprangern.

Wie das geschehen kann, ist eine schwierig zu beantwortende Frage. Einerseits muss Diskriminierung vermieden werden, andererseits soll der Zweck im Vordergrund stehen, die Umweltwirkungen der Betätigung offenzulegen und zum ökologischen Wohlverhalten beizutragen. Bislang wird das Umweltverhalten wie ein Steuergeheimnis behandelt. Die Allgemeinheit erfährt nicht, wer wie gegen Umwelthürden verstößt. Vorstellbar wäre eine gestufte Einteilung mit der Angabe einer vorbildlichen, durchschnittlichen und ausreichenden Beurteilung. Kriterien müssten entwickelt werden, die man den Maßstäben aus der Landwirtschaft (Art der Hofhaltung der Tiere, Einsatz von Düngemitteln usw.), bei Lebensmitteln (regionale Herkunft, saisonale Ernten, Bestandteile von Fett, Salz und Zucker) und Leuchtmitteln (Energieverbrauch von A bis E) entnehmen könnte. Speziell von Unternehmen wären außer kaufmännischen Jahresabschlüssen Nachweise über Auswirkungen (z.B. Schadstoffemissionen) und Einwirkungen (z.B. Immissionen auf Gesundheit) zu publizieren (z.B. an Hand von Outcome-Impact-Rechnungen). Bei Berufskrankheiten und der Erstattung von Schmerzensgeld sind bereits monetäre Beträge geläufig. Auch Konventionalstrafen fußen meistens auf geldwerten Schäden. Zahlreiche allgemeine Methoden zur Erfassung von Vor- und Nachteilen unternehmerischen Handels existieren seit langem. Was fehlt, ist deren umfassende Anwendung.

Keine Ethik ohne Zivilcourage

Ethisches Verhalten setzt Bewusstsein für vernünftiges Handeln und Maßstäbe für die daraus abzuleitende Verstandeslogik voraus. Von den meisten Menschen kann man diese Einsicht nicht erwarten. Sie verharren in ihrem alltäglichen Milieu mit seinen persönlichen, sozialen, kommunalen und staatlichen Bedingungen. Wer sich ihnen versagt oder sie kritisiert, wird schnell bloßgestellt und verunglimpft. Teil des Geschäfts der Medien ist es, außergewöhnliche Ereignisse sprachlich und bildnerisch zu dokumentieren, wozu auch das konzeptionelle und agitatorische Gegen-den-Strom-Schwimmen gerechnet werden muss. Wenn alle oder eine große Zahl von Menschen gegen Werte, meinetwegen auch gegen Ideale verstoßen - sich beispielsweise nicht fair, nicht besonnen, nicht standhaft, nicht menschlich, nicht solidarisch, nicht treu, nicht verlässlich, nicht weltoffen, nicht arbeitssam, nicht naturverträglich verhalten -, wird der

Erstes Kapitel: Nahe und ferne Lebenswelten

einzelne Mensch, der sich wider die Orientierungslosigkeit in unserer Zeit wendet zum Sonderling gestempelt. Vielleicht bewundert man noch seine Zivilcourage, hält sie zwar für mutig, aber auch für altbacken (im heutigen Sprachgebrauch der Jugend: für uncool).

Zivilcourage erfordert Mut, ja tapferen Einsatz gegen zahllose staatliche Mängel und gesellschaftliche Entgleisungen wie beispielsweise Unterfinanzierung der Kommunen, Legalismus und Bürokratismus im Übermaß, Politikverweigerung vieler Bürger und Wahlboykott, Gigantismus bei Parlamenten, Gewährung von Drogen- und anderen Suchtmitteln, exzessive Tätowierungen, Graffiti an Hausfassaden und Mauern, Auswanderung von wohlhabenden Akademikern, Verlagerung von Unternehmen ins Ausland, Zurückhaltung bei umweltfreundlichen Technologien und Infrastrukturinvestitionen, Tabuisierung von Forschungsgebieten, hemmungslose Werbung und übersteigertes Konsumverhalten, (das Wirtschaftssystem der sozialen Marktwirtschaft) zerstörende Einkommensmaximierung bei Vorständen börsennotierter Kapitalgesellschaften, Kommerzialisierung des Sports, Vorrang der Digitalisierung vor persönlichen Umgangsformen, tumbe TV-Krimiserien und banale Unterhaltungssendungen, Gleichgültigkeit gegenüber demokratiefeindlichen Aktionen, Kurzfristigkeit und Beschleunigung als Lebensmaximen, Verweltlichung des Lebens (mit Abkehr von den Kirchen), übersteigertes Frauenrechtlertum und Verwahrlosung der Sprache. Sich dagegen zu wehren, setzt ein selbstbewusstes Denken und selbstständiges Handeln voraus.

Dazu braucht es Kraft, um sich vor Anfeindungen und handgreiflichen Aggressionen zu schützen. Die dafür notwendige Erziehung und Bildung findet nur sporadisch statt. Das Fach „Religion" in den Schulen durch „Ethik" oder „Sozialkunde" zu ersetzen, scheint die Situation offenbar wenig zu verbessern. Den Schülern mag es recht sein, wenn sie keine Kirchengeschichte mehr lernen müssen. Doch wo bleibt die Aufforderung, im Rahmen des Rechts ethisch zu agieren? Auf welche Weise wird der Einzelne gefördert, damit er sich im Gemeinwesen verantwortlich verhält?

Ich und der riesige Rest

Mit dieser Überschrift soll pointiert ausgedrückt werden, dass der einzelne Mensch sich zunächst um sich selbst kümmert und ihn erst in zweiter Linie seine Umwelt interessiert. Ob man steht, sitzt, liegt oder sich bewegt, welchem Blick, welcher Vorschau, Einsicht oder Rückblende man nachsinnt, in welchem Ausmaß man sich vom Licht leiten oder von der Finsternis beeindrucken lässt, wie einen Sinn und Glaube, Grundsätze und Maßstäbe, Verstand oder Gefühle, Trieb oder andere Orientierungen determinieren, all das dürfte jedem Menschen eigentümlich sein. Diesem Komplex an persönlichen Eigenschaften steht eine nicht minder komplexe Natur und Kultur, Gesellschaft und Wirtschaft, Wissenschaft, Rechts- und Staatsordnung gegenüber.

Erstes Kapitel: Nahe und ferne Lebenswelten

Der Einzelne muss sich mit diesem riesigen Rest arrangieren.

Es ist seine Sache, wie er mit Tag und Nacht, den Jahreszeiten, Wetter und Klima, Tierschutz, Rohstoffen und Lebensmitteln, Mobilität und Reisen umgeht. Was soll mit Boden, Wasser, Luft und Raum geschehen? Welche ordnungsrechtlichen, marktwirtschaftlichen und erkenntnisleitenden Instrumente kann die Umwelt(schutz)politik einsetzen? Sind verwaltungs- und abgabenrechtliche Regelungen erfolgreich oder eher Umweltzertifikate und Verhandlungslösungen, oder helfen Forschung, Entwicklungen und Appelle bzw. Mahnungen? Noch genauer: Lassen sich eine Schadstoff(verringerungs-)steuer und eine Energie(spar-)steuer als Ökosteuern erheben? Was ist von einer Ökosteuer zur Finanzierung des Grundwasserschutzes zu halten, also vom sog. Wasserpfennig, den der Wasserverbraucher (z.B. eine Brauerei) zu zahlen hat, damit den Landwirten geholfen wird, ihre Nitratdüngung zu reduzieren und Ernteausfälle zu vermeiden?

Die kulturelle, wirtschaftliche, wissenschaftliche und staatliche Umwelt ist derart umfangreich und komplex, dass es für den einzelnen Menschen unmöglich ist, sie in Gänze wahrzunehmen und an ihr haarklein teilzuhaben. Wählen wir als Beispiel den kulturellen Bereich. Bei der Bildenden Kunst, Darstellenden Kunst, Literatur, Musik, Theater, Foto- und Filmkunst, Baukunst, der Denkmalpflege und Handwerkerkunst wird er eine Auswahl treffen und sich gegebenenfalls für den einen oder anderen Bereich (beruflich, hobbymäßig oder ehrenamtlich) erwärmen. Angenommen, er will sich der Bildenden Kunst zuwenden. Dann sieht er sich mit Bildhauerei, Malerei, Zeichnungen, Radierungen, Holzschnitten, Collagen und Design konfrontiert. Will er tiefer eindringen, sind Stilrichtungen und Genres zu unterscheiden. Gehört zum Beispiel das Goldene Zeitalter der holländischen Malerei im 17. Jahrhundert zur bevorzugten Perspektive, liegen Differenzierungen nahe zwischen Landschafts-, Stadtbild-, Stilleben-, Porträt-, Figuren-, Historien- und Marinemalern. Weitere Unterschiede bestehen zwischen den Künstlern, exemplarisch zwischen Adriaen Brouwer (1605-1638), Rembrandt von Rijn (1606-1669), Gerrit Dou (1613-1675), Paulus Potter (1625-1654), Jacob van Ruisdael (1628-1682), Pieter de Hooch (1629-1684), Jan Steen (1629-1679) und Jan Vermeer (1632-1675).

Der Einzelne ist Teil der Wirtschaft. Ihr gehört er als Unternehmer, Mitarbeiter, Vermieter, Mieter, Auszubildender, Studierender, Auftraggeber, Finanzier, Partner, Familien- und Vereinsmitglied, als Konsument, Sozialempfänger, Rentner oder Pensionär an. Ist er als Führungs- oder Fachkraft, angelernt oder ungelernt tätig? Wo ist er beschäftigt? In der Urproduktion, in verarbeitender Industrie, im Handwerk oder Dienstleistungsgewerbe? Im In- und Ausland? Fertigt er Waren an oder betätigt er sich als Einzel- oder Großhändler? Um welche Waren handelt es sich? Wie sehen deren Absatzwege, Preise und sonstige Bedingungen aus?

Für die Fragerei gibt es keine Beschränkungen. Das ist auch im komplexen Bereich der Wissenschaft so.

Erstes Kapitel: Nahe und ferne Lebenswelten

Hier gehören offene Fragen zur Erkenntnisgewinnung. Ein abgeschlossenes Universalsystem der Wissenschaft und demzufolge Universalgelehrte gibt es längst nicht mehr (wenn System und Gelehrte überhaupt je existierten). Mathematik, Naturwissenschaften, Medizin, Ingenieurwesen, Informatik, Geistes- und Kulturwissenschaften leben vom Analysieren, Erklären und Verstehen. Jede Disziplin ist wie ein Globus, dem man seine Terra incognita entreißt. Je tiefer man eindringt, desto zahlreicher stellen sich die Fragen. Der einzelne Forscher ist dem totalen Unbekannten ausgeliefert. Erst seine Forschungsergebnisse werden für einzelne Anwender zur kleinteiligen Handhabe und Nutzung. Um ein bedeutendes Beispiel zu nennen: Die Weltraumforschung, die gern als kostspieliger Utopismus und Vision für Superreiche kritisiert wird, gebiert Nützliches für Petitessen, seien es Miniaturkameras, Akkustaubsauger, Vakuumbeutel, Schaum für Schuheinlagen und Skihelme; vielleicht sogar für etwas ganz Großes, nämlich für ein künftiges schnelles und gekühltes Aufladen von E-Autos.

Der Einzelne ist in die Staats- und Rechtsordnung eingebunden. Hier herrschen Rechte und Pflichten als Staatsbürger, Wähler, Steuerzahler, Einwohner, Eigentümer, Arbeitgeber und Arbeitnehmer, Gläubiger und Schuldner, Antragsteller und Rechtsmitteleinleger, Beschenkter und Erbe. Dem einzelnen Bürger stehen Staat und Verwaltung gegenüber. Für wen ist wer zuständig? Welche oberste, obere, mittlere oder untere Bundes- oder Landesbehörde verantwortet Erlasse und Verwaltungsakte? Die Staats- und Rechtsordnung gehört wohl zu dem Bereich, der am klarsten und unmissverständlichsten geformt ist, um seine Durchsetzung zu realisieren. Ungezählte Gerichtsurteile haben das Ganze präzisiert und dem Einzelnen Wege gewiesen.

Zweites Kapitel:
Belege für formale Bindungen

Evidente Zugehörigkeit

Der einzelne Mensch gehört im Laufe seines Lebens einer Vielzahl von Betrieben, Diensten, Einrichtungen, Gesellschaften, Körperschaften, Veranstaltungen und Vereinigungen an. Den Nachweis erbringen Verträge oder Dokumente wie Urkunden, Zeugnisse oder Archivalien in Form von Texten, Zahlen, Fotos, Filmen, Materialien, Geräuschen oder Gerüchen. Was haben Forstkleidung, Uniformen, Talare, Dienstwagen mit Fahrer, Fahnen, Amtsketten, Orden, Blindenplaketten und Sportabzeichen gemeinsam? Sie weisen jeweils eine Zugehörigkeit nach. Die Forstkleidung tragen Forstleute, Uniformen kennzeichnen Soldaten, Polizisten, Postboten, Mediziner und Müllwerker, Talare haben Professoren und Richter an, von Fahrern gesteuerte Limousinen sind hochrangigen Repräsentanten in Staat und Wirtschaft vorbehalten, Fahnen und Standarten spiegeln Bedeutsamkeit wider, Amtsketten schmücken Bürgermeister, Orden verdiente Bürger, Blindenplaketten deuten auf Menschen mit behinderter Sehkraft und Sportabzeichen auf körperlich besonders tüchtige Personen hin.

Außer solchen augenscheinlichen Merkmalen finden sich Attribute bei Namen wie der „Dr.", der einen promovierten Akademiker bestätigt oder die Nennung „MdB" hinter dem Namen, der eine Frau oder einen Mann als Mitglied des Deutschen Bundestages, „OSB" einen Mönch im Orden des heiligen Benedikt oder „d.J." als Angehörigen einer (Künstler-) Familie ausweist, wenn Vorfahren denselben Vor- und Nachnamen führten.

Wählen wir den „Dr." aus, um das Beziehungsgeflecht zwischen dem Träger des Doktortitels und seiner Herkunft zu verdeutlichen. Der „Dr." und erst recht mit dem Zusatz „Dr.jur.", „Dr.med.", „Dr.phil." oder „Dr.rer.pol." signalisiert ein erfolgreich abgeschlossenes Studium an einer Universität und noch dazu die juristische, medizinische, philosophische oder wirtschaftswissenschaftliche Ausrichtung. Eine Ergänzung wie „Dr.h.c." stellt einen Ehrendoktor dar, der veranschaulichen soll, dass der Ausgezeichnete eine wissenschaftliche Spitzenleistung erbracht hat oder für sein Gesamtwerk honoriert wird.

Andere, weniger auf öffentliche Resonanz und mehr auf persönlichen Nutzen angepeilte Belege für formale Bindungen bilden Verträge und Dokumente wie Bestätigungen, Genehmigungen, Urkunden und Zeugnisse. Eine formale Zugehörigkeit zu einem Objekt oder zu einer kleinen oder größeren Gemeinschaft kommt durch notarielle Beurkundungen, Kapitaltransfers, Arbeitsverträge und die Mitgliedschaft in Vereinen zur Geltung. Bei Beurkundungen durch einen Notar mag sich die ganze Angelegenheit um eine Eigentumswohnung, ein Haus, eine Schenkung, ein Testament oder um eine Erbschaft drehen. Den Kapitaltransfer dokumentieren beispielsweise Aktien- oder Anleihezertifikate. In Arbeitsverträgen treten Arbeitnehmer dem Arbeitgeber gegenüber.

Eingetragene Vereine

Als Mitglied in einem eingetragenen Verein folgt der Einzelne dem kulturellen, sportlichen, ökologischen, sozialen oder politischen Vereinszweck und macht seine Verbundenheit mit ihm offenkundig. Vorläufer dieser bürgerschaftlichen Evidenz waren Handwerkszünfte und Kaufmannsgilden im Mittelalter, im 18. Jahrhundert Freimaurerlogen, literarische Gesellschaften und politische Clubs. Während der Industrialisierung im 19. Jahrhundert entstanden Vereine zur Durchsetzung von Interessen.

Im Verein erleben die Mitglieder demokratische Prozesse und Strukturen. Bei Abstimmungen über grundlegende Angelegenheiten und bei Wahlen von Personen besitzt jedes Mitglied grundsätzlich eine Stimme. (Abweichend davon verfügen Wähler — ohne einen vereinsrechtlichen Mitgliedstatus zu haben bzw. Mitglied eines Vereins zu sein — bei Bundestags- und manchen Landtagswahlen in Deutschland über eine Zweitstimme, mit der sie sowohl eine Partei als auch deren Kandidaten wählen und damit neben der Erststimme für einen Wahlkreiskandidaten die Sitzverteilung im Parlament maßgeblich beeinflussen können.) Im Auftrag

Zweites Kapitel: Belege für formale Bindungen

der Mitgliederversammlung handelt der gewählte Vereinsvorstand. Er ist für laufende Geschäfte zuständig und verantwortlich. Vereine können sich zu Verbänden zusammenschließen, die vereinsübergreifende Aufgaben erledigen.

Eine Besonderheit stellen Versicherungsvereine auf Gegenseitigkeit (VVaG) dar. Sie bestehen in Deutschland neben Versicherungs-AGs und öffentlich-rechtlichen Versicherern. Die VVaGs gewinnen in jüngerer Zeit Marktanteile, wobei Tochterunternehmen selbst wenn sie als AGs eingetragen sind, zur Kategorie der Vereine zählen. Für die VVaGs spricht, dass die Mitglieder, die in der Regel auch Kunden und überdurchschnittlich am Erfolg beteiligt sind, die Vereinsvorstände wählen und beaufsichtigen. Allerdings obliegt die Mitgliederbeteiligung den Mitgliedervertretern, die meistens nicht gewählt, sondern kooptiert werden, also ihre Zuwahl den übrigen Mitgliedern verdanken. Vorteilhaft ist daran, dass Fachleute einbezogen werden können (üblich ist die Kooptation auch bei Berufungen von Hochschullehrern, bei Stiftungen, Orden und Serviceclubs). Vielleicht liegt hier ein Grund, dass die Mitgliederbeteiligung wegen der Personen mit ausgeprägter Sachkenntnis manche VVaG-Vorstände eher nervt und sie sich lieber mit Vorständen von AGs vergleichen. Von Repräsentanten von Versicherungs-AGs wird eingewandt: Bei den Aktiengesellschaften gäbe es dagegen eine strikte Kontrolle des Managements durch Aktionäre und deren Vertreter in Aufsichtsräten. Wie dem auch sei. Will sich ein VVaG-Mitglied Gehör verschaffen und eine Sache durchsetzen, muss es eine hohe Zahl von Mitgliedern mobilisieren und (demokratische Stimmen-) Mehrheiten gewinnen. Bei AGs entscheidet dagegen die Höhe der Kapitalanteile.

Genossenschaften

Eine Stimme pro Mitglied und Beschlüsse durch Stimmenmehrheit weisen auch Genossenschaften auf. Diese Rechtsform eignet sich für Tätigkeiten, bei denen Sachziele (und keine Gewinnziele) oben an stehen, zum Beispiel die Förderung von Forschung und Entwicklung, der Bau und die Vermietung von Wohnraum, Errichtung und Erhaltung von Deichen, die gemeinschaftliche Nutzung von Weiden, Wäldern und Wasserquellen, die Bereitstellung kostengünstiger Lebensmittel sowie die sichere Anlage von Kapital samt des Schutzes vor übervorteilenden Kreditbedingungen.

In einem kapitalistischen Wirtschaftssystem, das die Kapitalrendite präferiert, spielen Genossenschaften die Rolle von Außenseitern. Eine Soziale Marktwirtschaft wie in Deutschland böte bedeutende Möglichkeiten, genossenschaftliche Prinzipien (demokratische Entscheidungen, menschenwürdige Arbeits- und Lebensbedingungen, Unabhängigkeit gegenüber einzelnen Mitgliedern, Verlässlichkeit und Verantwortlichkeit gegenüber den Genossen, Unterstützung für in Not geratene Mitglieder und Kunden) anzuwenden. Doch scheint die Rechtsform der Genossenschaft wegen der Beschränkung auf eine Stimme pro Mitglied weniger verlockend zu sein im Vergleich mit der Vervielfachung des Einflusses durch Kapitalmehrheiten.

Trotz dieses restriktiven Nachteils reussiert die Genossenschaftsidee auf internationaler Ebene, um das weltweite Zusammenleben der Menschen zu erleichtern. Ziel ist die Aufnahme der Idee in die „Repräsentative Liste des Immateriellen Kulturerbes der Menschheit" durch die UNESCO. Inhaltlich steht die bürgerliche Selbsthilfe auf Grundlage von Kooperationen im Mittelpunkt. Man verspricht sich solidarisches Fördern, individuelles Engagement, gestärktes Selbstbewusstsein, geeignete Selbstverwaltung und ein höheres Maß an Selbstverantwortung. Mitglieder von Genossenschaften erwerben Genossenschaftsanteile und werden damit zu Miteigentümern und über ihr Stimmrecht zu Mitgestaltern.

Diverse Rechtsformen

Formale Bindungen weisen auch die anderen Rechtsformen auf. Bei Personengesellschaften führen gewöhnlich die Inhaber die Geschäfte im Unterschied zu Kapitalgesellschaften, wo meistens die Eigentümer Gegenstand und Ausrichtung der Firma entscheiden und angestellte Führungskräfte das Management besorgen. Ähnlich wie bei Aktiengesellschaften (AG), Kommanditgesellschaften auf Aktien (KGaA), Gesellschaften mit beschränkter Haftung (GmbH) und Europäischen Gesellschaften (SE

= Societas Europaea) erfüllen für den einzelnen Arbeitnehmer Vorstände von Anstalten, Körperschaften und Stiftungen öffentlichen Rechts die Funktionen des Arbeitgebers, denn die Gebietskörperschaften Bund, Länder und Kommunen sind als Träger oder Eigentümer keine Ansprechpartner.

Nachweise, wer Eigentümer ist, halten öffentliche einsehbare Bücher und Register bereit. Wer die Geschäfte führt, geht aus Geschäftsunterlagen und Briefköpfen (zwingend) hervor. Bei der Korrespondenz mit öffentlichen Dienststellen werden die die Behörde vertretenden Personen mit Namen und Dienststellung genannt -vorausgesetzt das Zeichnungsrecht ist delegiert.

Inzwischen müssen auch uniformierte Ordnungskräfte, Polizisten und Soldaten ihren Namen oder zumindest eine erkennbare Nummer tragen, um ihr Handeln im Einzelnen identifizieren zu können. Bei öffentlichen, freigemeinnützigen und privaten Krankenhäusern geschieht das in der Regel schon lange freiwillig, damit der Patient die ärztlichen, pflegerischen, technischen und verwaltenden Angestellten zuzuordnen vermag und die Übersicht über „das ganze Haus" behält.

In staatlichen Universitäten und Fachhochschulen sind die Beziehungen zwischen Lehrenden und Lernenden schon immer personifiziert. Die Studierenden werden zwar an Institutionen ausgebildet, aber namentlich bekannte Personen – Professoren, Wissenschaftliche Assistenten, Akademische Räte und interne und externe Dozenten – halten die Vorlesungen, Übungen und Seminare und nehmen die Prüfungen ab. Für die Studierenden verkörpern die Personen an den Lehrstühlen, Instituten, Fakultäten, ebenso in Bibliotheken, Sportanlagen, Mensen und Wohnheimen die gesamte Hochschule.

Fakten, Personen, Zahlen

Vom Datenschutz umwölkt und deshalb wenig Aufmerksamkeit erheischend, erweisen sich die erwähnten Register. Bei den ungezählten (eher 1000 als 100) Verzeichnissen, Listen und Datenbanken von staatlichen und kommunalen Verwaltungen und privaten Unternehmungen ist es umgekehrt: der Einzelne steht nicht einem Ganzen gegenüber, sondern Bund, Länder und Gemeinden, Kammern und Verbände, sowie einzelne private Anbieter erfassen je nach Aufgabenstellung bzw. Zweck Informationen über Staatsbürger, Wähler, Einwohner, Sozialrentner, Beamte, Pensionäre, Handwerker, Leitende Angestellte, Antragsteller, Gewerbetreibende, Freiberufler, gemeinnützige Institutionen, Steuerzahler (geordnet nach über 50 Steuerarten und regionalem Steueraufkommen), Kraftfahrzeughalter, Zulieferer, Kreditnehmer — von den auf Fakten und Personen beruhenden Statistiken (ebenfalls eher 1000 als 100) zum Beispiel über Bildung, Ernährung, Gesundheit, Justiz, Kriminalität, Sport, Vereine, (Strom-, Gas-, Wärme- und Wasser-) Versorgung, Verteidigung, Wohnungen, Zivilschutz usw. abgesehen.

Drittes Kapitel:
Bewusste informelle Zugehörigkeit

Vier bunte Beispiele

Das Beziehungsgeflecht zwischen dem Einzelnen und einer Gesamtheit erschließt sich auch, wenn man die Eingliederungen nicht formal betrachtet, sondern mittels Rückschlüssen (informell) argumentiert. Vier verschiedenartige Beispiele sollen die Interpretation veranschaulichen.

1. Mit der Hunderasse der Rottweiler identifizieren sich gern Viehhändler und Metzger. Sie schätzen Einsatz, Intelligenz, Stärke und Ausdauer dieser Hunde. Ursprünglich wurden sie zum Bewachen und Treiben von Rinder- und Schafherden herangezogen. Im späten Mittelalter waren die Hunde besonders in der damaligen Reichsstadt Rottweil verbreitet. Ihren Namen verdanken die Tiere diesem Viehhandelszentrum, von dem aus weite Landstriche im Südwesten (Breisgau, Elsass, Bodensee und Neckartal) versorgt wurden. Gern machen die Liebhaber dieser Hunderasse an Hoftoren und Kraftwagen auf sie aufmerksam.
2. Komponisten und Liederdichter, oftmals ein und dieselbe Person, gehen wegen ihrer qualitätsvollen Musik und Texte in evangelische Gesangbücher ein. Kriterien für die Ausschüsse der derzeit 20 lutherischen,

unierten und reformierten Kirchen in Deutschland bilden die ortskirchlichen, landeskirchlichen, ökumenischen und internationalen Inhalte. Die Musiker und Dichter steuern Glanzstücke zum Lob Gottes und zum gesamten Glauben bei.

3. Ein Bürger und Initiator fördert Bestrebungen zur (behutsamen) Renovierung, (partiellen oder totalen) Restaurierung oder (grundlegenden) Sanierung von Bauwerken. Er verbindet Tradition und Innovation, um einen Stil, ein bauliches Ensemble oder ein städtisches Wohnquartier wieder entstehen zu lassen. Fachwerkhäuser, andere historisch relevante Bürgerhäuser, denkmalgeschützte Palais, Schlösser, Burgen und Kirchen kann man exemplarisch nennen, in Deutschland auch das rekonstruierte Zentrum der Altstadt von Frankfurt am Main und das Berliner Schloss, die ehemalige Residenz der preußischen Könige und heute Sitz des Humboldt-Forums.

4. Einen gegenwärtigen und zukünftigen Sehnsuchtsort bietet die Insel Sylt. Attraktiv für ihre Fangemeinde sind rauhes Heilklima der Nordsee, Abgeschiedenheit und Exklusivität des Eilandes. Um dazu zu gehören, kleben Freaks ein Abbild der Inselfläche (Kritiker sprechen von einem Wurmfortsatz des Blinddarms) auf den Kofferraum ihrer Autos.

Stets stehen die einzelnen Personen einer ganzen Lebenswelt gegenüber. Viehhändler und Metzger einer Hunderasse, Komponisten und Liederdichter der Religion, Bürger und Initiatoren einer tradierten Architektur und ortsverbundene Liebhaber einer Region. Die Betroffenen betonen ihre Leidenschaft oder Liebe und machen daraus kein Hehl, mehr noch: sie legen Wert auf ihre Einstellung, tun sie kund und erwarten eine offene oder stillschweigende Reaktion. Offen durch Zuspruch und Stillschweigen durch verdeckte Anerkennung. Letztere ist insoweit von Interesse, als sie die Diskrepanz zwischen Anspruch und Wirklichkeit enthüllt.

Effekte des Verhaltens

Verallgemeinernd gesagt, besitzt der Einzelne (gute und schlechte) Eigenschaften, mit denen er in seiner Umwelt lebt. Sie belohnt oder bestraft ihn, indem sie ihn entweder schätzt oder ihm die Anerkennung verweigert und sein Verhalten sogar missbilligt. Angenommen, ein Mensch oder eine Firma ist leistungsfähig und geschäftstüchtig, dann kann das Angebot (vereinfacht formuliert) betulich oder aggressiv ausfallen. Und das Echo? Uninteressierte Abnehmer begegnen der ersten Alternative unbedacht und halten die zweite Alternative für überzogen. Die interessierten Abnehmer sind von der ersten Option enttäuscht, die zweite erfüllt hingegen ihre Erwartungen.

Ein negatives Beispiel gibt ein ichbezogener und eitler Mensch ab. Ihn dulden womöglich seine Mitmenschen, soweit sie selbst narzisstisch und eingebildet sind. Oder seine Zeitgenossen rücken von ihm ab und zeigen ihm die kalte Schulter.

Drittes Kapitel: Bewusste informelle Zugehörigkeit

Die Vielfalt des Verhältnisses zwischen dem Einzelnen und der Gesellschaft lässt sich auch im sozialen Verhalten der Individuen erkennen. Benehmen sie sich rücksichtsvoll, tritt unter Umständen ein Solidareffekt bei den Mitbürgern ein. Dann gehört der Urheber informell zur Gemeinschaft. Übertreibt er seine Rücksichtnahme, kann er das Gegenteil bewirken: er isoliert sich und sein Auftreten wird als Anbiederung verstanden.

Informelle Zugehörigkeit mag sich auch in der sexuellen Orientierung niederschlagen. Ist der Geschlechtstrieb schwach, wird sich die Partnerschaft diszipliniert entwickeln. Ist der Sexus stark, wird das beteiligte Gegenüber ihn als massiv bzw. ungezügelt empfinden. Ohne öffentliche Beachtung zu erregen, bildet das Geschlechtsleben für den einzelnen Mann oder die einzelne Frau einen intimen Bereich, an dem er oder sie Teil hat, ohne Aufmerksamkeit zu erwecken.

Viertes Kapitel:
Was macht das Ganze mit mir?

Bei globalen Wechsellagen

Der Forschung ist es bisher nicht gelungen, die Frage zu beantworten, ob und inwieweit das Universum auf unseren Planeten und die Menschen exterrestrisch einwirkt. Sicher spielen Sonne und Gestirne zwar eine Rolle bei Wetter und Klima, aber wesentliche Ursachen dürften in erdgeschichtlichen Entwicklungen und Verhaltensweisen der Bevölkerung liegen. Gegen erstere, zum Beispiel gegen Eiszeiten, Kontinentalverschiebungen, Erdbeben, Tsunamis und Vulkanausbrüche, müssen sich die Menschen fügen. Bei den „hausgemachten" Problemlagen in der Natur, in Gesellschaft, Staat und Wirtschaft ist die Konfrontation so, dass man Lösungen in Angriff nehmen kann. Zwei Kriterien sollten meines Erachtens die Reaktionen von Individuen bestimmen: Aufmerksamkeit und Entschlusskraft.

Wenden wir uns zunächst den bestimmenden Faktoren der genannten Bereiche zu. Das Szenario ist von großer Tragweite: Die Natur stößt an ihre Grenzen, den Gesellschaften fehlt das einigende Band, die Staaten beherrschen das Volk und die Unternehmen produzieren auf Gedeih und Verderb. Wenn das natürliche Gleichgewicht von Entstehen, Wachsen und Vergehen verloren geht, heißt das für den Einzelnen weniger Lebensmittel und Entfaltungsmöglichkeiten. Streben Gesellschaften auseinander, werden innerer und äußerer Friede aufgegeben und finden Kriege statt. Die Macht der Staaten stützt sich zunehmend auf technologische Neuerungen und kommunikative Anwendungen. Gezielte oder vorenthaltene, falsche und gehackte Informationen steuern vielfach das menschliche Alltagsgebaren. Die Wirtschaft nutzt die überwältigende Nachfrage zu ungezähmter Expansion, wovon viele Menschen erst einmal profitieren, später aber der Ausbeutung anheimfallen können.

Die Schlussfolgerungen lauten für mich: Nahrungsmangel, Streitigkeiten, Unterwanderung und Kaufkraftverfall. Erwünscht wären gute Ernährung, Einvernehmen, ehrliche Nachrichten und florierende Wirtschaft. In allen Situationen muss Transparenz herrschen, damit man das Übel oder das Gute erkennen kann. Dazu bedarf es einer unvoreingenommenen Beurteilung. Sie fehlt, weil man die Dinge häufig und bequem oberflächlich betrachtet und Vorurteile pflegt. Die Liste an unbeantworteten Fragen ist lang. Einige seien mit Blick auf das avisierte (weltwirtschaftliche) Szenario erwähnt. Wie können Weltbevölkerung und ich die Ernährung sichern? Was ist zu tun, damit reiche und arme, gebildete und ungebildete, gesunde und kranke, junge und alte Menschen miteinander auskommen? Wie unterbindet man und schützt sich vor „fake news" und drögen Informationen? Was wird aus Industrie-, Handels-, und Handwerksbetrieben bei wirtschaftlichen Wechsellagen?

Wie verhalten sich Personen, wenn ihnen neue Aufgaben anvertraut werden?

In einer neuen Position

Konkretisieren wir die letzte Frage. Ein Wissenschaftler übernimmt das Amt des Universitätsrektors, ein Leiter eines städtischen Kulturamtes wird zum Fachbereichsleiter für Kunst, Kultur und Tourismus ernannt, der Eigentümer eines Baumarktes beruft einen Filialleiter in die Geschäftsführung des Handelsunternehmens und ein Mitarbeiter oder ein externer Bewerber erhält die Stelle eines Abteilungsleiters oder Vorarbeiters. Stets stellt die neue Position den betroffenen vor neue Aufgaben für die ganze Institution. Er muss lernen, sich auf das Ganze auszurichten. Personalpolitisch oder vom Standpunkt des Personalmanagements würde man es so ausdrücken: Das Anforderungsprofil der Position und das Befähigungsprofil des Beförderten haben sich zu entsprechen. Deckungsgleichheit bzw. Kongruenz gilt es herzustellen! Für den Berufenen weitet sich das Blickfeld. Erweiterte Aufgaben der Planung, Steuerung und Überwachung, neue Kollegen, andere Verhaltensweisen, ungewohntes Betriebsklima, veränderte eigene Beiträge, mehr Sichtbarkeit der Tätigkeit, stärkere Resonanz intern und extern und mehr Verantwortung fordern den neuen Stelleninhaber heraus. Vielleicht erhöht der neue Posten das Selbstwertgefühl und fördert Talente, öffnet das Bewusstsein für Mitmenschen, gegebenenfalls auch

Viertes Kapitel: Was macht das Ganze mit mir?

für deren Lage, sichert Sorgfalt, erlaubt eigene Unzulänglichkeiten besser zu schultern und verleiht der Arbeit zusätzlichen Respekt und Glanz, meist auch höhere Einkünfte und attraktivere Titel.

Andere Beispiele bieten sich an. Picken wir den Sport, genauer: den Mannschaftssport, heraus. Für den Neuzugänger ist das Team das Ganze. Gewiss will er zeigen, was er kann. Und gewiss erwartet man viel von seinem Können. Für Alleintouren ist kein Platz. Siegen setzt Zusammenspiel voraus. Der Neue gibt sein Bestes und ordnet sich ein. Der Spielführer — oder sollte man betonen: besonders der Spielführer — wird die Mannschaft zum gemeinsamen Spiel und Ziel anspornen.

Auf ähnliche Verhältnisse stößt man bei der Teamarbeit im Handwerk, in der Forschung oder bei Einsätzen von Feuerwehr, Polizei und Soldaten. Auch in Büros und Labors breitet sich Teamgeist aus. Das einzelne Mitglied repräsentiert das ganze Team. Das Ganze ist eine komplexe Veranstaltung, die oft mit schwierigen Fragen verknüpft ist: Welche Fachleute braucht ein Team, genauer: welche Eigenschaften (Kreativität, Konflikt- und Konsenspotenzial, Effizienz und Disziplin) sind erforderlich und wie gewinne ich die Mitglieder? Sollen Rollen für Besprechungen und/oder Brainstorming bzw. Ideenfindung verteilt werden? Von wem? Wie lassen sich Innovationshürden vermeiden, etwa durch Empowerment (Übertragung von Kompetenzen und Schaffung von Freiräumen) der Mitglieder? Wer soll das Team führen und Zugang zu Interna erhalten?

Zurück zur neuen Position in der Karrierehierarchie. Handelt es sich um eine Führungsposition in Wirtschaft und Verwaltung kann sich der Führungsstil wandeln. Wie man seine früheren Arbeitskollegen überzeugte und sich durchsetzte, war entweder eher kooperativ oder eher autoritär bestimmt und kann sich jetzt ins jeweilige Gegenteil umkehren. Entscheidungen werden möglicherweise lieber rational als emotional, theoretischer als praktischer, fundierter als unausgereifter, souveräner als aufgeregter, kulanter als kleinlich getroffen. Die finanzielle Dimension und Verantwortung nimmt zu. Das Ganze erzwingt höheren Einsatz, höheres Engagement, höhere Risikobereitschaft, höheren Erfolgsdruck. Waren die Beziehungen zu Berufskollegen ehemals unpräzise und unverbindlich, nehmen Ausmaß und Intensität der Beziehungen zwischen gleichrangigen Partnern zu. Auf deren Managementebenen wächst die Hierarchie nach unten. Oben können sich Seilschaften bilden und man muss aufpassen, sich auf Dauer zu binden. Langfristig lernen Organisationen hinzu und passen sich den bürokratischen und marktlichen, juristischen und monetären Bedingungen an. Ich selbst bin diesen Erfordernissen ausgesetzt.

Mit internationalem Bezug

Viel hängt auch davon ab, welcher Art von Organisation man angehört. Ein industrieller Großkonzern mit Tochter- und Enkelgesellschaften fordert in der Karriere teils andere, teils vergleichbare persönliche Eigenschaften heraus wie im nationalen Ministerium mit zahlreichen nachgeordneten Geschäftsbereichen. Auslandsbezogene Angelegenheiten erzwingen Kenntnisse in Kultur, Geschichte, Sozialverhalten, Sprache, Wettbewerb, Ökologie und Recht. Koordination der eigenen Interessen mit fremdländischen Ansprüchen und internationale Kooperationen sind in der Regel heikel. Anpassungen sind bei großen Institutionen und bei mittelgroßen und kleinen (Familien- oder Handwerks-) Unternehmen erforderlich, ebenso bei Behörden, die spezielle öffentliche Aufgaben wahrnehmen und mit einzelnen Fachbehörden im Ausland in Verbindung stehen.

Betrachtet man nur den rechtlichen Bereich, treten nicht unerhebliche Unterschiede zum eigenen nationalen Recht auf. Unterschiede bestehen zwischen den Staaten bei Rechtssystemen (mit Verfassungen, mit sich wandelnden Regelwerken, auf Urteile gestütztes Recht), Rechtsnormen (gesetzliche Regelungen, Gewohnheitsrecht), im Prozessrecht (diverse Rechtsverfahren), auch zwischen Auflagen, Ge- und Verboten, Strafen, richterlichen Beurteilungen usw.

Vorrang hat die Bildung

Zwischenfazit: Bevor man Entscheidungen trifft, sollte man sich hinreichend informieren. Anschließend sind die Effekte der Entscheidungen zu prüfen, ob und inwieweit die erwünschten Wirkungen eintraten oder nicht.

Mit der neuen Einsicht kann besser entschieden werden. Es ist ein Kreislauf, der von bestehenden (Schul-, Studien-, Arbeits-, Gesellschafts-, Gesundheits-, Kultur-, Sport-, Staats-, Versorgungs-, Verteidigungs-, Infrastruktur-, Natur- usw.) Systemen angestoßen wird. Diese Systeme bilden für die Menschen den (Bedingungs-) Rahmen. In ihm sind sie eingebettet. Er motiviert sie (oder auch nicht) und veranlasst sie, zu lernen (oder auch nicht) und sich zu betätigen (oder auch nicht). Jedenfalls kommt der Impuls bzw. die Initiative zu Beginn von außen auf einen zu, worauf man aktiv oder passiv reagiert.

Anpassen oder opponieren

Eine andere Auffassung, der hier nicht gefolgt wird, sucht den Anstoß für Bildung im Einzelnen selbst. Das mag für eine zweite Phase zutreffen, wenn man das System ablehnt und es zu verbessern sich bemüht. Meines Erachtens ist das Vorgehen so: die Systeme wirken auf den Einzelnen ein und er passt sich entweder an oder opponiert dagegen. Verbleiben wir zunächst bei dieser Schwarz-Weiß-Malerei, obwohl es viel Grautöne dazwischen gibt.

Den Anpasser wird man als konservativ beschreiben können, der die Gegebenheiten mehr oder weniger hinnimmt, nostalgisch gesinnt ist, sich geschichtlich interessiert und traditionell verhält, dem Besitzstand Priorität einräumt und Neuerungen in wissenschaftlichen,

Viertes Kapitel: Was macht das Ganze mit mir?

medizinischen, technischen, medialen und sozialen Bereichen erst nach eingehender Prüfung akzeptiert. Dagegen stellt sich der Opponent gegen konventionelle Gepflogenheiten, hat viel für progressives Auftreten als Kritiker und Demonstrant übrig, wehrt sich gegen tradierte Bevormundung und empfindet sich als dynamische Kraft gegenüber statischem Habitus.

Dazwischen könnte man Menschen einordnen, die die natürliche Umwelt als „prästabilierte Harmonie" im Sinne von Gottfried Wilhelm Leibniz (1646-1716), lies: vorherbestimmte Einheit, verstehen und der Ansicht folgen, dass die menschlichen und gesellschaftlichen Entwicklungen genetischen Reifungsprozessen zu verdanken sind. Gern bezeichnet man in der Gegenwart diese Menschen als wertkonservativ. Wertkonservativ können aber auch jene Leute sein, die humane und soziale Evolutionen primär von Erziehung und Milieu ableiten. Sie versprechen sich Besserungen durch generelle Pädagogik und kollektiven Wohlstand. Manchmal geraten sie in die Nähe von Utopien. Und sind dann ideologisch gefährdet.

Gravierend ist für ein Volk, wenn ideologieorientierte Typen mit rhetorischer Routine Gefolgschaften um sich scharen und die Macht an sich reißen. Dann wird die einseitige Weltanschauung und Geisteshaltung als das einzig Wahre hochgejubelt. Dieser Zeitgenosse erlangt als unentbehrlicher Gefolgsmann, Parteifreund und Fahnenträger publikumswirksam Bedeutung. Tatsächlich ist er nur ein Rädchen im großen (politischen, nationalen, diktatorischen) Getriebe.

Anpassen oder opponieren

Das unsägliche Nazi-Regime in Deutschland von 1933 bis 1945 und in jüngster Zeit die mit Waffen strotzenden Bandenchefs in afrikanischen und asiatischen Staaten sowie rechtsstaatlich bedenkliche und demokratiefeindliche Machthaber in aller Welt sprechen mit der Hervorhebung der unumgänglichen Notwendigkeit ihrer Herrschaft für die mutlose Bevölkerung und deren Wohl und Wehe leider eine Sprache, die für nicht wenige Menschen Zuversicht ausstrahlt.

Fünftes Kapitel:
Wie kann ich auf meine Umwelt einwirken?

Erkennen und überzeugen

Es wurde erwähnt, dass Aufmerksamkeit und Entschlusskraft Voraussetzungen sind, um sich hinreichend zu informieren und zu betätigen. Das Gewinnen neuer Einsichten bildet! An die jeden Menschen umgebenden Systeme bzw. Umwelten muss man sich entweder anpassen oder sich ihnen entgegenstellen, wenn man sie zu verändern und in seinem Sinn zu verbessern wünscht. Doch wie lässt sich ein Wandel herbeiführen? In der Demokratie sind Staatsstreiche und Revolutionen keine Optionen. Bei Wahlen von Parteien und Personen und überhaupt bei jeder Art von Auswahlmöglichkeit sind Erkennen und Überzeugen wesentlich. Sie erweisen sich als der Schlüssel zum Lösen von Problemen. Verpackt sein kann der Schlüssel in einer Forschungsmethode, Entdeckungsreise, Protokollnotiz, Buchpublikation, sonstigen Präsentation, Kampagne, Kundgebung oder Diskussion. Zugegeben, in Demokratien dauern Verfahren oft länger und sind dann oft von längerer Dauer als in Autokratien, die regelmäßig nur die Lebenszeit von Machthabern umfassen.

Gehen wir exemplarisch vor und wählen aus den existierenden Umwelten das politisch-administrative

Fünftes Kapitel: Wie kann ich auf meine Umwelt einwirken?

System aus. Wo sind Schwachstellen vorhanden? An einem Beispiel zeigte einst Roman Herzog (1934-2017), seinerzeit Staatssekretär und später Bundespräsident, auf (in: Verwaltete Bürger-Gesellschaft in Fesseln, hrsg. von Heiner Geißler, Frankfurt/M., Berlin und Wien 1978, S. 83-92), wie eine minimale Gesetzesänderung des Bundesbaugesetzes und des Städtebauförderungsgesetzes den Gemeinden ein gesetzliches Vorkaufsrecht zubilligte und daraus ein unerwarteter Zuwachs von 150.000 Stunden Verwaltungsarbeit oder ungefähr 80 bis 100 Personalstellen im Bundesgebiet resultierten. Verallgemeinert man die Fragestellung, heißt das wohl: Führt der Legalismus zu mehr Bürokratismus? Hat man auch andere Effekte zu prüfen, etwa ökonomische, soziale und ökologische Wirkungen? Werden von Gesetzesänderungen unternehmerische Innovationen, gesellschaftliche Entwicklungen und die Nachhaltigkeit in der Natur gestört? Ein übertriebenes Datenschutzgesetz in Deutschland hindert womöglich den technischen Fortschritt und hat vielleicht zur Folge, dass Deutschland im Vergleich mit anderen Staaten hinsichtlich Digitalisierung (in Behörden, Kammern, Schulen und Verbänden) schlechter dasteht, mit anderen Worten: einen hinteren Rang bei Rankings belegt.

Was nützen selbst ausgereifte Gesetze, wenn sie in der täglichen Praxis nicht angewendet werden können, weil die personellen und organisatorischen Mittel dafür fehlen? Manchmal steht der Einzelne fassungslos vor den Behörden des Landes oder der Gemeinde und ärgert sich über die langwierige Antragsbearbeitung. Problematisch ist es beim Thema „Sicherheit im öffentlichen Raum". Zu knappe Mittel dafür senken das Vertrauen der Einwohner in den Rechtsstaat und in die Demokratie.

Selektives oder universelles Vorgehen

Obwohl sich das Erkennen aus Komponenten in großer Zahl zusammensetzt, ist der Einzelne nur selten imstande, sich umfassend auf die gesamte (politisch-administrative, gesellschaftliche, wirtschaftliche oder natürliche) Umwelt einzustellen. Eher bemüht er sich (wie schon Roman Herzog) selektiv vorzugehen und Verbesserungen im einzelnen einzufordern. Will ein Mensch ein ganzes System verändern und dazu alle Bedingungen und Beschränkungen anzweifeln, wird er als Abtrünniger, Unruhestifter, Umstürzler diffamiert oder als Ideengeber, Befreier, Entdecker gepriesen. Für beide Alternativen hält die Geschichte ungezählte Beispiele bereit. Man denke nur an Nikolaus Kopernikus (1473-1543) und das heliozentrische Weltbild, an Martin Luther (1483-1546) als Urheber der Reformation, Isaac Newton (1643-1727) als Entdecker der Gravitation und Erklärer des Lichtspektrums, an Napoleon Bonaparte (1769-1821), der als Putschist, Konsul und Kaiser von Frankreich europäische Staaten neu strukturierte, an Karl Marx (1818-1883), der Kapitalismus und Religion kritisierte und bis heute als gesellschaftstheoretischer Visionär gilt, Thomas Alva Edison (1847-1931) mit seiner Erfindung des elektrischen Lichts, Ernst Rutherford (1871-1937), dem die Entdeckung der Radioaktivität und der Halbwertzeit zu verdanken ist, Albert Einstein (1879-1955) mit seiner Relativitätstheorie, die die Struktur von Energie, Materie, Raum und Zeit erklärte, Wladimir Iljitsch Lenin (1870-1924), den Revolutionär, Regierungschef und Begründer der Sowjetunion, an Adolf Hitler (1889-1945) als Diktator des Deutschen Reiches und Paul Christian Lauterbur (1929-2007), der die Magnetresonanztomographie (MRT) entwickelte und die Medizindiagnose bahnbrechend verbesserte.

Die Liste ließe sich um Dutzende Männer und Frauen erweitern. Sie alle zeichnet aus, dass sie sich den vorherrschenden Systemen respektive dem Wissensstand und Zeitgeist oder der Gesellschaftsordnung widersetzten und eine neu wissenschaftliche, medizinische, philosophische, soziale oder religiöse Umwelt schufen. Jeder dieser Geistesgrößen oder Machthaber mag sich zwar auf Wegbereiter und Kollegen gestützt haben, aber letztendlich trat er als Einzelner der Lebenswelt (in seinem Bereich) entgegen und änderte sie gravierend.

Taktisches oder strategisches Entscheiden

Wie kann eine Entdeckung oder Erfindung oder der Entwurf einer neuen (Gesellschafts-, Wirtschafts-, oder Staats-) Ordnung Betroffenen oder der Allgemeinheit zur Kenntnis gebracht werden? Die wissenschaftliche Welt wartet mit Begründungen auf, in anderen Lebensbereichen müssen verstehbare Einsichten und Erfahrungen bemüht werden. Begründungen können schnell Umbrüche einleiten, während Einsichten und Erfahrungen oft langwierige Überzeugungsprozesse erfordern. Gewohnheiten und Überforderung halten die rasche Einführung von Neuerungen auf.

Hat man sich mit dem bestehenden System arrangiert, fällt es schwer, es aufzugeben. Mit welchen Nachteilen muss ich rechnen? Lohnt sich Widerstand oder passe ich mich (unbemerkt) an? Wie ändert sich der „main stream"? Jeder Mensch ist Teil eines Beziehungsgeflechts. Seine Position und seine Probleme kann man nicht losgelöst von anderen (Mit-) Menschen betrachten. Stets ist der Kontext einzubeziehen. Das gilt sowohl für den Einzelnen als auch für seine Interdependenzen zur Umwelt.

Grundsätzlich bieten sich zwei Möglichkeiten an, andere Menschen zu überzeugen. Man entscheidet sich taktisch oder strategisch. Die erstgenannte Alternative ist naheliegend. Eine Aufgabe soll möglichst schnell erledigt werden. Hilfe verspricht eine unmittelbare Reaktion bzw. Betätigung. Der Betroffene entscheidet sich kurzerhand und gezielt. Er hofft, dass er damit die Herausforderung bewältigt. Anlass für diese Situation können Familienereignisse, berufliche und geschäftliche Maßnahmen, Krisen, Zwänge oder anderweitige Auseinandersetzungen sein. Das Entscheidungsfeld — in der Terminologie dieses Buches: das ganze Gegenüber — ist eingeschränkt, überschaubar und gestaltungsfähig.

Fünftes Kapitel: Wie kann ich auf meine Umwelt einwirken?

Doch löst taktisches Entscheiden oft kein Problem, wenn im Hintergrund eine beträchtlich größere Schwierigkeit brodelt. Dann ist strategisches Denken und Handeln gefragt. Carl von Clausewitz (1780-1831), der die Begriffe Taktik und Strategie prägte, verknüpfte den Begriff Taktik mit der militärischen Führung und dem Einsatz im Gefecht, wohingegen die (Militär-) Strategie sich von der (Militär-) Politik ableitet und die daraus resultierenden Handlungen (ohne und mit bewaffnetem Kampf) im Krieg umfasst.

Übertragen auf das Verhältnis zwischen dem Einzelnen und dem Ganzen kann der Prozess des Überzeugens von strategischen Argumenten begleitet werden. Das heißt, dass auf hintergründige Faktoren und Interdependenzen auf weite Sicht zu achten ist. Bei besonders komplexen Sachverhalten lässt sich auch eine operative Zwischenebene einbeziehen, die vorbereitende und vollziehende, einzelne und zusammenwirkende Handlungsweisen beinhaltet.

Sechstes Kapitel:
Die Kluft zwischen Verhalten und Erwartung

Ein bipolares Erklärungsmodell

Modell beschreibt hier ein vereinfachtes Abbild der Wirklichkeit. Wir unterstellen, dass ein Mensch entweder gewöhnlich oder exzeptionell handelt. Vom Gegenüber, meinetwegen von seinen Familienmitgliedern, Nachbarn, Kollegen, Kunden, Behörden, der Öffentlichkeit oder Kontrahenten, Konkurrenten und Andersgläubigen erwartet er eine Reaktion, die entweder schlicht oder heftig ausfällt. Normalerweise entsprechen sich gewöhnliches Verhalten und schlichte Erwartung. Sie bilden eine Art Balance. Im Gleichgewicht halten sich auch exzeptionelles Verhalten mit heftigen Erwartungen bzw. Wirkungen. Eine Kluft erwächst dagegen zwischen gewöhnlichem Verhalten und heftiger Wirkung und zwischen exzeptionellem Verhalten und schlichter Wirkung. In Form einer Matrix können die Zusammenhänge schematisiert werden:

Sechstes Kapitel: Die Kluft zwischen Verhalten und Erwartung

Verhalten \ Erwartung	schlicht	heftig
gewöhnlich	Balance	grandioser Effekt
exzeptionell	wenig Resonanz	Balance

Das Beziehungsgeflecht zwischen einem einzelnen Menschen und der Gesellschaft in Form einer Matrix ist erweiterbar. Man kann das Gitter vielseitig verwenden. Aufschluss gibt es bei einem bedeutenden Zusammenhang zwischen Geltungsbedürfnis eines Einzelnen und der Anerkennung durch eine Ganzheit, mag sie in Beruf und Ehrenamt, in Kultur und Sport, in Wissenschaft und Hochschule, in Kirche und Verband bestehen. Anerkennung und Wertschätzung erfolgen auch in der Öffentlichkeit bzw. durch die Allgemeinheit.

Angenommen man wählt eine Dreierskala beim Geltungsbedürfnis und unterscheidet normal, gesteigert und übertrieben. Auf Seite der Anerkennung lassen sich auch drei Stufen differenzieren, nämlich bescheiden, signifikant und überwältigend. Dann hat das Erklärungsmodell folgende Struktur:

Ein bipolares Erklärungsmodell

Anerkennung / Geltungsbedürfnis	bescheiden	signifikant	überwältigend
normal	Balance	grandioser Effekt	prononciert, empathisch, glückselig
gesteigert	schmeichelnd, zynisch, spöttisch	Balance	akzeptiert, kategorisch, eindringlich
übertrieben	enttäuschend, ernüchternd, resignierend	entmutigend, frustrierend, „noch hungrig"	Balance

Das Geltungsbedürfnis — mancher spricht von Zielstrebigkeit, manchmal ist von Geltungsdrang oder gar von Geltungssucht die Rede — beflügelt den Menschen. Er ist ambitioniert. Das Geltungsbedürfnis stimuliert in vielen Fällen sowohl bewunderungswürdige als auch abstoßende Eigenschaften. Der nach Geltung strebende Mensch will toller sein als andere. Einerseits einsatzkräftiger, leistungsfähiger, bedeutender und vorbildlicher, andererseits aber auch gefährlicher, angsteinflößender, drohender und destruktiver. Er stellt entweder sein Licht „nicht unter den Scheffel" oder versteckt sein Geltungsbedürfnis und gibt sich relativ moderat. Sein Gesprächspartner, Geschäftsfreund, Gegner oder Gegenüber soll seine Leistungen und Erfolge weder geringschätzen noch missachten. Anerkennung und Missachtung stammen zwar immer von Personen, aber dahin-

Sechstes Kapitel: Die Kluft zwischen Verhalten und Erwartung

ter verbergen sich oftmals Dienste, Veranstaltungen, Gemeinschaften, Netzwerke, Institutionen, die Allgemeinheit.

Mit dem Geltungsdrang ist meist auch das Durchhaltevermögen verschmolzen. In diesem Fall kämpft ein Leidtragender gegen Kritik, Polemik, Verleumdung, gegen Gefangennahme, Folter und Sterben. Im simplen Gitternetz ergeben sich folgende Aussagen(felder):

Durchhalte-vermögen \ Leid	klein	groß
klein	Balance	hoffnungslos, auswegslos, verzweifelt
groß	robust, zäh, widerstandskräftig, resilient	Balance

Dringt man weiter vor, stößt man auf den Zusammenhang zwischen Macht von einzelnen Menschen und der Gegenmacht von vielen Menschen.

Siebtes Kapitel:
Macht und Gegenmacht auf der Balkenwaage

Herrschaft durch Kommunikation

Im weiteren Verlauf dieses Buches befassen wir uns mit der kritischen Eigenschaft vieler Menschen, sich über andere zu erheben, diese einzuschränken, gegebenenfalls sie auch zu beherrschen. Einverstanden, diese Eigenschaft besitzen keineswegs alle Menschen. Es gibt auch solche, die Freiheit extensiv auslegen und ungezügelte Freiheit gegenüber jedweder Bindung vorziehen (bis hin zum Chaos). Doch diese Menschen befinden sich in einer zunehmend verwickelten Welt offenbar auf dem Rückzug. Überall wachsen Regelungen bis hinein in kleinste Details. Sie zügeln die Freiheit der Bewegung (sog. Freizügigkeit), von Sprache, Kultur, Staat und Wirtschaft durch Legalismus, Bürokratismus, Egoismus und Kollektivismus, (neuerdings vorwiegend in Diktaturen) durch technologische (Gesichts-) Erfassung und rigorose Überwachung und (in Diktaturen und Demokratien) durch Künstliche Intelligenz und Algorithmen, die zum „gläsernen Menschen" führen.

Diese Maßnahmen eröffnen zwar ungeahnte Möglichkeiten zur Verbreitung von Wissen – zum Beispiel Diagnosen von Krankheiten, Prognosen des Anstiegs des Meeresspiegels und des Versiegens der Wasserquel-

Siebtes Kapitel: Macht und Gegenmacht auf der Balkenwaage

len, Erkennen von Wetter- und Klimaveränderungen. Diese Maßnahmen vermögen aber auch totalitäre Verhältnisse zu entfachen, wenn sie in „falsche Hände" geraten. Dann wird Macht nicht nur durch Gewalt ausgeübt, sondern — wesentlich diffiziler — durch Informationen, Investigationen, Gerüchte, Falschmeldungen, Mythen. Der Machthaber steuert seine Herrschaft mittels Kommunikation.

Große Macht hat Jemand, der weitreichende Entscheidungen für viel Menschen und Sachen trifft oder über Ansehen verfügt, das das Leben vieler Menschen umkrempelt. Macht kann sich auch im Kleinen, im Privaten, in Zwiegesprächen, in Büros, Werkstätten und Hinterzimmern abspielen. Der Mächtige oktroyiert seinen Willen auf eine große Schar oder kleine Gruppe und steuert ihr Verhalten. Er ist unter Umständen in der Lage, Leute von sich einzunehmen, Einfluss auszuüben, sie zur Rede zu stellen oder zu ignorieren, sie für sich einzuspannen oder rücksichtslos zu behandeln, Leistungen zu beurteilen, Urteile zu fällen, Verträge zu kündigen, Erklärungen oder Rechtfertigungen schuldig zu bleiben, Dinge zu protegieren oder zu verhindern und Angst oder Optimismus zu verbreiten.

Tritt ein Mächtiger auf die öffentliche Bühne, gerät er gern in den Strudel des Populismus und der verfänglichen digitalen Technologie. Sein Machtgehabe und seine Strahlkraft rufen oftmals Widerstand hervor, so dass sich Kontrahenten gegenüberstehen. Die Geschichte ist voll davon! Gegnerschaft gab und gibt es zwischen Politikern, zwischen Militärs, zwischen Forschern, zwischen

Autoren, zwischen Künstlern, zwischen Kirchenvertretern usw. Bei kleineren Konflikten bevorzugt man Worte wie Unterordnung, Abneigung, Ablehnung oder Polarisierung. Der sog. Kleinkrieg findet in Büros, Parteien, Schulen, Universitäten, Kliniken, Kirchen, Vereinen, Redaktionen und Unternehmen statt.

Macht generiert Gegenmacht

Je mehr der Machtanspruch betont wird, desto stärker fallen drei Wirkungen auf: die offene Opposition, eine versteckte Obstruktion oder eine bewusste Indifferenz. Je nachdem, auf welcher Seite sich jemand befindet, auf der Seite des Machterwerbs und Machterhalts oder auf der Seite des Unterworfenseins, stets wird man die Gegenseite als immanentes Übel einordnen.

Macht verleitet zu Machtmissbrauch. Ein Machthaber kann friedlich beginnen, gewählt worden sein und sich zunächst opportun verhalten. Findet er keinen Widerhall und wächst der Widerstand gegen seine Entscheidungen unter seinen Gefolgsleuten oder in der Bürgerschaft, gewinnen seine auf Machtfülle ausgerichteten Eigenschaften wie Selbstlob, Dreistigkeit, Draufgängertum, Rücksichtslosigkeit und Radikalität an Bedeutung. Der Schritt zum Diktator ist nicht weit, Brutalität gegenüber Oppositionellen und im Untergrund wirkende Blockierer vorhersehbar.

Man muss nicht an prominente oder berüchtigte Diktatoren anknüpfen. Macht spielt sich nicht nur an der

Siebtes Kapitel: Macht und Gegenmacht auf der Balkenwaage

Staatsspitze, sondern überall dort ab, wo Machtansprüche wahrgenommen werden, angefangen bei Ehen und anderen Partnerschaften, in Familien mit Kindern und Enkeln, fortgesetzt in Freundes-, Bekannten-, Nachbarschafts- und Vereinskreisen, in Beruf und Ehrenamt, bei Verhandlungen über Geschäfte, in Gremien, vor Gericht, bei freudigen und gefährlichen Anlässen usw. Oft ist es eine simple Begebenheit, die Machtgelüste zum Vorschein bringen. Ein unrichtiges Wort, eine verletzende Bemerkung, ein konfliktärer Wortwechsel, ein unausgesprochener Wunsch, ein unabgestimmtes Handeln, eine einseitige Stellungnahme oder dergleichen mehr kann eine Situation heraufbeschwören, bei der sich die Machtfrage stellt. Wer hat das Sagen und wer beugt sich? Macht äußert sich dann nur gegenüber einer Person oder gegenüber Personen, und der Machtmensch merkt vielleicht gar nicht, dass er einen beherrschenden Einfluss ausübt. Der Bevormundete und die Unterdrückten spüren es allerdings, das sein/ihr Wille durchkreuzt wird und er/sie sich anpassen muss/müssen.

Vergegenwärtigen wir uns das Machtgehabe in einer beruflichen Hierarchie. Der Vorgesetzte hat die Aufgabe, Ziele zu erreichen, Koordination und Kooperation zu organisieren, Weisungen zu erteilen, Mitarbeiter und ihre Arbeit zu beaufsichtigen und die Ergebnisse zu verantworten. Untrennbar mit der Arbeit sind auch die Einkünfte verbunden. (Als Ausnahme kommt das diskutierte und zum Teil erprobte sog. bedingungslose Grundeinkommen in Betracht. Es beinhaltet eine staatliche Zahlung etwa in Höhe des — allerdings schwierig zu bestimmenden — Existenzminimums, um Arbeit und Entgelt zu entkoppeln und den Menschen Freiheit für ihr Tun und Nichtstun zuzugestehen.)

Überhaupt Geld. Mit ihm korreliert Macht. Und umgedreht: Macht geht mit Geld einher. Wohl weniger die Ansehensmacht. Aber auch diese Variante der Macht ist auf Geld angewiesen, um zur Geltung zu gelangen. Geld wird zur Vorbereitung der Vorhaben gebraucht, es fließt in ihre Verwirklichung ein und wird oft für deren Verbreitung benötigt. Ansonsten ist Geld der Treibsatz für Macht und Gegenmacht, Hausmacht, Finanzmacht, Vertragsmacht und Medienmacht, für Projektförderung und Projektentwicklung, für Versicherungsfälle und Schadenersatz, für Korruption, Terrorfinanzierung und Gewalt. Selbst die finanziell unverdächtige Deutungsmacht ist nicht frei von Geld, wenn sie gezügelt oder mit ihrem Marketing getrieben wird.

Geld in Wirtschaft und Staat

Offensichtlichen Einfluss übt Geld in der Wirtschaft aus. Dort ist es heimisch und bildet den gemeinsamen Nenner für alle Aktivitäten. Sparen, Investitionen, Produktion, Logistik, Vermarkten, Wettbewerb, Konsumtion, Nutzung und Entsorgung kommen ohne Geld nicht aus. Und viel Geld erlaubt auch machtvolle Entscheidungen. Parlamente, Behörden und Gerichte sorgen dafür, dass sich Marktmacht nicht unbeschränkt ausbreitet, Lauterkeit und Fairness nicht verschlingt, unmoralisches, ja verbrecherisches Verhalten begrenzt und zur Rechenschaft gezogen wird.

Tausende von Lobbyisten, Beratern, Kanzleien und Verbänden bieten ihre Dienste an, damit Gesetz- und Verordnungsgeber den Unternehmen in Industrie, Handel, Handwerk, Freiberufen und im Gemeinnützigkeitssektor keine allzu engen Restriktionen auferlegen. Unternehmen und Unternehmer wollen Freiheit, Macht und Optionen, um Geld zu verdienen. Hat man früher Lobbyisten mit Fürsprechern bei Abgeordneten und Parlamenten gleichgesetzt, werden inzwischen Angehörige von Ministerien und nachgeordneten Behörden sowie von Rundfunk und Presse vor der eigentlichen Gesetzgebung und vor dem Erlass von (ausführenden) Verordnungen zu beeinflussen versucht. Der Lobbyismus wendet sich also auch an Bundes- und Landesverwaltungen und neuerdings an die EU-Kommission, da das europäische Gemeinschaftsrecht in vielfältigen Bereichen tonangebend geworden ist und der Einfluss der EU noch wachsen wird.

Ein Art von Interessenvertretung nehmen heutzutage auch Whistleblower wahr. Mit ihren Informationen verraten sie Geschäfts- und Staatsgeheimnisse für eigene Zwecke oder fremde Aufträge. Sie brechen der Wahrheit eine Bahn, bringen Ungereimtheiten und Lügen zur Sprache und nehmen Vereinsamung, Verfolgung und Bestrafung auf sich. Als Außenstehender fragt man sich unwillkürlich: Was müssen das für Verhältnisse, Staaten, Institutionen und Personen sein, die Aufklärung zu verhindern suchen, sich der Transparenz widersetzen und im Stillen ihre trübe Macht „köcheln" lassen.

Nicht im Verborgenen, sondern öffentlich zielen politische Parteien auf die Einnahmen- und Ausgabenseite der staatlichen und kommunalen Haushalte. Haushaltsplanung und Haushaltsberatung eröffnen vielfältige Möglichkeiten, Geld zu erwerben und zu vergeben. In wohlhabenden (und erst recht: in reichen) Ländern ist Geldzulauf vorhanden. Das Problem besteht in der finanziellen Verteilung für Erhaltung, Instandsetzung, Erweiterung und Ersatz von Infrastruktur, für humane und soziale Zwecke, für Jugend, Familie oder Senioren, für Kultur, Sport, Freizeit und Erholung, für innere und äußere Sicherheit usw.

Generell verschieben sich die Einflussnahmen und der Machtzuwachs. Die in Demokratien zuständigen Parlamente und Gemeinderäte verlieren an Bedeutung. Die Komplexität der Materie hat ein Ausmaß erreicht, das (Investitions-, Produktions-, Produkt-, Personal-, Finanz-, Haushalts- u.a.) Planungen nur noch von (oft akribisch arbeitenden) Fachleuten erstellt werden können (und das Ergebnis eher einem Mosaik gleicht als einem homogenen Werk). Für Diktatoren gilt dieser Umstand schon immer: Beratende und beschlussfassende Parlamente frei gewählter Parlamentarier sind nicht vorhanden. Stattdessen finden sich dort die vom Machthaber installierten Gefolgsleute, die die mittels Direktiven geforderten Regelungen umsetzen. Diese stammen von zivilen oder militärischen Anhängern in der Staatsbürokratie.

Siebtes Kapitel: Macht und Gegenmacht auf der Balkenwaage

Demokratien neigen zur Technokratie

Wenn aber die der Macht zugänglichen Lebensbereiche vor lauter regulatorischer Bindungen über keine Freiheitsräume mehr verfügen, dann haben technokratische Manager das Sagen. Sie stützen sich professionell auf technische Vorgaben und beherrschen das amateurhafte Dasein der Bevölkerung. Die digitalisierte Technik arbeitet mit Erkennungstechniken und Künstlicher Intelligenz samt Algorithmen bzw. Rechenregeln, die insgeheim von den Leistungsanbietern entwickelt werden und von den Abnehmern nicht ausgeschlossen werden können. Diese Technokratie schiebt sich gewissermaßen zwischen das Volk und seine Vertreter, deren Aufgaben sich nach und nach verflüchtigen. Mittels der Digitalisierung eröffnen sich ungeahnte maschinelle Erkennungs- und Beeinflussungsmethoden, die man kaum zu kontrollieren vermag. Da die Technokraten den Kontrolleuren immer einen Schritt voraus sind, vergewissern sich die Machthaber der Mitarbeit der ersteren und lassen letztere ins Leere laufen. Volksvertreter können in der Demokratie zu Beobachtern und Beratern verkommen. Politische Entscheidungen werden durch demokratische Anhörungen vorbereitet und kommen eventuell im Nachhinein zur Geltung. Aber die reale Politik wird von Machthabern samt Technokraten gestaltet.

Im Endeffekt werden die Machthaber selbst Technokraten. Einen unbemerkten, aber nicht überraschenden Karrieresprung machen darüber hinaus manche Cheffunktionäre als Generalsekretäre von Parteien, Verbänden und Gewerkschaften, die die Stellen der herkömmlichen Vorsitzenden übernehmen. Die Technokratie löst die Demokratie im traditionellen Sinn ab. Die neue „Technodemokratie" wird von Technokraten repräsentiert. Die Wähler wählen Technokraten, die ihre Methoden und sich zur Wahl stellen. Die Wahlen verlaufen entlang der technologischen Entwicklungslinien. Gewählt werden jene Vertreter, die die bequemsten und sichersten Informations-, Bildungs- und Unterhaltungsverfahren glaubhaft und beweiswürdig zur Schau stellen.

Fachhochschulen für Handwerker

Der ehemalige Bildungsbürger ist passé. In der Technodemokratie zählen technologische Vernetzung und Kommunikation. Bildung und Wissen werden nicht mehr erlernt, sondern aus Dateien abgerufen, neue Kenntnisse via Medien erklärt. Im Vordergrund steht zwar die Anwendung der Kenntnisse. Aber das setzt Können voraus. Und daran wird es hapern. Handwerker müssen sich noch weit mehr technologisieren als bisher. Fachhochschulen wären als Ausbildungsstätten einzurichten. Dort könnte das fehlende Know-how erworben und mit einem „Professional Master" (statt des bisher in Deutschland üblichen „Meister") abgeschlossen werden. Eine Aufwertung täte dem Handwerkerstand gut.

Darüber hinaus würden im pflegerischen und ärztlichen Therapiebereich, in Erziehungs- und manchen technischen Berufen, in Buchhaltungs-, Steuer- und Unternehmensberatung eine auf konkrete Tätigkeiten zugeschnittene Akademisierung an Fachhochschulen Ausbildungsdefizite vermeiden helfen. Universitäten könnte man entlasten und stärker auf wissenschaftliche Forschung und Entwicklung ausrichten. Nebenbei bemerkt würde diese Umgestaltung erheblich Steuermittel einsparen. Fachhochschulen könnten besser finanziert werden. Universitäten wären auf ihre ursprünglichen Aufgaben zurückzuführen, geistes-/kultur- und naturwissenschaftliche Erkenntnisse zu generieren und neue akademische Fähigkeiten zu trainieren. Im Bereich der sprachlichen, kulturellen, rechtlichen und technischen Internationalisierung besteht vornehmlich in Deutschland erheblicher Nachholbedarf.

Wie misst man aber Fortschritt? Um welche Art von Fortschritt handelt es sich? Den einzelnen Menschen mögen Fortschrittsfantasien beflügeln. Vielleicht will er fortschrittlich sein, ein inniges Verhältnis zum Fortschritt aufbauen und sogar Spitzenreiter werden. Den Fortschritt muss man in seine Bestandteile (Anwendungsgebiete, Aus- und Einwirkungen) zerlegen und selbst diese sind jeweils ein großes Ganzes.

Achtes Kapitel:
Der Einzelne und Fantasien des Fortschritts

Nutzen und Schaden des Fortschritts

Fortschritt ist das Streben nach Optimierung. Die Vervollkommnung kann technisch, wirtschaftlich, mathematisch, sozial, ethisch und ökologisch erfolgen. Die Vergangenheit bescherte uns mit folgenden Begriffen wesentliche Errungenschaften: Maschinen und Industrie, Investitionen und Konsum, Funktionen mit Nebenbedingungen, Tugenden und Wertevermittlung sowie Lebensqualität und Entsorgung.

Den Fortschritt anzustoßen ist das Eine, an ihm teilzunehmen das Andere. Der technologische Fortschritt kann zwar durch Kreativität und Innovationen in Unternehmen und Volkswirtschaft zum Wohlstand verhelfen, deren langfristige ökonomisch und kaufmännisch erfolgreiche Entwicklung ist damit aber nicht unbedingt gegeben, denn sie kann zu Lasten der sittlichen Werte und der Lebensqualität ausufern. In Wirtschaft und Wettbewerb können sich aggressive Verhaltensweisen breit machen. Stets wird der Einzelne entweder als Innovator oder als Nutznießer einerseits in den Bann des allmächtigen Fortschritts gezogen, andererseits lernt er unter Umständen auch dessen Nachteile kennen.

Achtes Kapitel: Der Einzelne und Fantasien des Fortschritts

Vom Fortschritt profitieren in der Regel jene, die ihn zustande bringen: Analysten, Entdecker, Erfinder, Ingenieure, Naturwissenschaftler, Gelehrte, Philosophen, Künstler einschließlich solcher Menschen, denen Allerweltsverbesserungen glücken. Wie schön wäre es, wenn man zu ihnen gehören würde. Man steht etwas ratlos vor dem Ganzen. Schön ist es aber auch, sich an den Vorteilen des Fortschritts erfreuen und etwaige nachteilige Folgen vernachlässigen zu können. Letztere dürfen allerdings nicht übersehen werden. Gerade in jüngerer Zeit merkt man, dass vor allem bei manchem technischen Fortschritt mit negativen Einwirkungen auf die Natur zu rechnen ist.

Die Entdeckung der Kernspaltung hat viel für die Energieerzeugung geleistet, aber auch in Form der Atombombe Risiken und Ängste hervorgebracht. Anderes Beispiel: Mit der Digitalisierungstechnik wurden Erkennungs- und Tonaufzeichnungssysteme entwickelt, die das Arbeitsleben grundlegend erleichtern, zugleich aber auch in die Privatsphäre eindringen und sie teils veröden, teils belästigen. Weiteres Beispiel: Verkauf und Verbrauch von kostengünstigem Fleisch sind mit schädlichen Effekten verbunden wie Massentierhaltung, übertriebene Düngung und Grundwasserkontaminierung, skandalöse Transporte, Selektion und Tötung männlicher Küken. Viertes Beispiel: Just-in-time-Lieferungen von Apotheken ersparen dem Kunden Wartezeiten, während die Lagerhaltung von Großisten gewissermaßen auf den Straßen stattfindet und zu Verkehrsstaus beiträgt. Fünftes Beispiel: Moderne Reisebusse mit viel

Technik für lange bequeme Fahrten befördern Touristen zu unerschlossenen Dörfern und Landschaften, die zunächst den Zustrom von Besuchern begrüßen, ihm aber auf Dauer nicht Herr werden. Es ließen sich zahlreiche zusätzliche Beispiele für solche Dysfunktionen anführen. Dabei sind die Schäden des Fortschritts oft erst in späteren Nutzungsphasen – gegebenenfalls erst nach Generationen – festzustellen.

Freiheitsrechte fördern Fortschritt

Fortschritt geschieht durch Entdeckungen, Wissbegierde, Suche nach Ursachen und Begründungen, Zufälle und Einfälle, Nachdenken, Verknüpfungen, Schlussfolgern, durch lästige Routine und den Wunsch nach Vereinfachung. Dazu bedarf es der Gedankenfreiheit. Die Freiheit des Denkens, persönliche Meinungen, besonders in weltanschaulichen und gesellschaftlichen Dingen öffentlich zu vertreten und zu verbreiten, ist Demokratien innewohnend einschließlich der Freiheit des Handelns. Diktatoren und autokratische Staaten begrenzen dagegen aus Gründen der Erhaltung ihrer Monopolmacht Freiheiten im öffentlichen und privaten Bereich. Auch demokratisch verfasste Staaten werden Freiheiten nicht unbegrenzt zulassen, weil sonst Unordnung und Unsicherheit um sich greifen können.

Man sollte aber gründlich fragen, wieviel Einschränkungen im Denken und Handeln angebracht oder gar erforderlich sind, um dem Fortschritt Wege zu weisen.

Achtes Kapitel: Der Einzelne und Fantasien des Fortschritts

Die im Grundgesetz für die Bundesrepublik Deutschland verankerten Menschen- und Freiheitsrechte dienen dazu, dass jedermann seine Persönlichkeit frei entfalten und danach handeln kann und dass die Bürger gegen Eingriffe des Staates geschützt sind. Doch wie umfangreich sollen Rechte, Bindungen und Pflichten ausfallen, damit Fortschritte — umgekehrt ausgedrückt: kein Stillstand oder Rückschritte — erzielt werden? Wie sind Leben und Sterben, Menschenwürde, Gleichberechtigung von Mann und Frau, Benachteiligung und Bevorzugung von Menschen mit Behinderung, Glaubens-, Religions-, Gewissens- und Bekenntnisfreiheit, Informations-, Presse-, Rundfunk- und Filmfreiheit, Kunst-, Wissenschafts-, Forschungs- und Lehrfreiheit, Eheschließungsfreiheit, Privatschulfreiheit, Versammlungs-, Vereins- und Koalitionsfreiheit, Brief-, Post-, und Fernmeldegeheimnis, Freizügigkeit, Freiheit der Berufswahl, der Berufsausübung und der Wahl der Ausbildungsstätte zu regeln, damit der Fortschritt nicht blockiert wird, auch nicht durch Wehrdienst-, Ersatzdienst- und zivile Dienstleistungspflichten, durch Schutz der Wohnung, Gewährleistung von Eigentum und Erbrecht, Sozialbindung des Eigentums, durch Ermächtigung zur Enteignung und Sozialisierung (jeweils mit Entschädigung), durch das Grundrecht der Nichtauslieferung eines deutschen Staatsangehörigen, das Asylgrundrecht für politisch Verfolgte, das Petitionsrecht, das Widerstandsrecht, das Sozialstaatsgebot und den Schutz der natürlichen Lebensgrundlagen und der Tiere?

Nicht minder geht es um die Gewerbe-, Markt- und Wettbewerbsfreiheit, da diese Freiheiten den Personen-, Kapital-, Waren- und Dienstleistungsverkehr sowohl im Inland als auch mit der Europäischen Union und dem weiteren Ausland sowie die Innovationen in der Wirtschaft insgesamt beeinflussen. Alle Freiheitsrechte, die Schutzrechte gegenüber dem Staat eingeschlossen, stellen freiheitliche Gedanken- und Handlungsräume sicher und ermöglichen Fortschrittsideen. Ohne diese Spielräume fehlt es den Ideengebern an Impulsen und meist auch an Engagement, Dinge zu optimieren. Dann werden Interessenabwägung und Interessenausgleich, Diskussionen, Vergleich, Vorlagen Prototypen usw. vermisst.

Durch kollektive Bindungen von Privatsphäre und in Staatsverwaltung und Wirtschaft sind den Individuen in Diktaturen persönliche Anreize versperrt, herrschen eher Abschreckungen vor. (Es sei denn, einzelne Gefolgsleute erhalten Privilegien.) Die meist zentralisierte Kommandogewalt erlaubt es kaum, eigenständige Überlegungen und Handlungsweisen zu propagieren respektive zu realisieren. Selbst als hochgebildeter, organisatorisch tüchtiger und unbestechlicher Fachmann erweist sich das ganze totalitäre Machtgefüge als undurchdringlich, bietet wenig Chancen, eigenwillige, verquere, ungewohnte und unangepasste Ziele, Methoden oder Maßnahmen zu initiieren. (Dennoch gelingt es Diktatoren immer wieder, angebliche Errungenschaften als Fortschritte zu propagieren, Leute dafür zu gewinnen und für breite Gefolgschaft zu sorgen.)

Achtes Kapitel: Der Einzelne und Fantasien des Fortschritts

Demokratien müssen einen Ausgleich zwischen Freiheit und Bindung anstreben. Zuwenig und zuviel Freiheit bzw. zuviel und zuwenig Bindung können den Fortschritt lähmen oder so gewaltig anfachen, das er beunruhigend oder schier bedrohlich wirkt. Die Gegenüberstellung von Freiheit und Fortschritt in einer Matrix informiert über das Beziehungsgeflecht, wobei zweierlei angenommen wird: dass die Interdependenzen zwischen Freiheit und Fortschritt ceteris paribus gelten, also etwaige Randbedingungen fortbestehen, und sich dieselben Dimensionen klein, mittelgroß und groß (in den Balance-Feldern) ausgleichen.

Fortschritt \ Freiheit	klein	mittelgroß	groß
klein	Balance	beachtlich	unverhofft
mittelgroß	behäbig	Balance	grandios
groß	zufrieden	lobenswert	Balance

Neuntes Kapitel:
Auseinandersetzungen mit Unbekanntem

Umbruch, wohin man schaut

Hängt man dem Fortschritt an, blickt man hauptsächlich in die Zukunft, unter Umständen auch in die Gegenwart, wenn sie den Anfang der Zukunft schon vorwegnimmt. Unsere Gegenwart scheint diese Phase einzunehmen. Wohl noch nie wurden so vehemente elektronische, medizintechnische, pharmazeutische, ernährungsphysiogische, ökologische, klimatologische und weltraumwissenschaftliche Fortschritte erzielt wie in dieser heutigen Generation. Eingebürgert hat sich dafür inzwischen das Initialwort "MINT" (für rasante Entwicklungen in Mathematik, Informatik, Naturwissenschaft und Technik). In den Nichtnaturwissenschaften liegen die Entwicklungen in der Mathematisierung von Prozessen, in den Verhaltenswissenschaften, der Logistik, im internationalen Management und in der Interdisziplinarität. Man spricht von Umbruch oder Transformation, um die Herausforderungen der Bruchstellen von alt zu neu zu benennen. Begleitet wird diese technokratisch geprägte Epoche von (eher verzweifelten) Berichten über Sinnentleerung, Glaubensflucht, Risikobetonung, Kulturkämpfe, Pandemien, Flüchtlingsströme, Demokratiekritik, Beschleunigung, Säkularisierung, Ge-

Neuntes Kapitel: Auseinandersetzungen mit Unbekanntem

waltherrschaft, Energiekrise, Klimakatastrophe und Altlasten.

Mit dem Umbruch befassen sich ungezählte Zeitgenossen, die diese Phänomene ergründen wollen. Nach meiner Einschätzung hängt der Umbruch mit der Globalisierung (im weiten Sinn über die globale Wirtschaft hinaus) zusammen. Erde und Welt werden kleiner und überschaubarer. Entfernungen werden von Technik und Verkehr überbrückt. Die Menschen verringern Distanz, rücken aufeinander zu und lernen sich näher kennen. Das sorgt teils für Solidarität, teils für Animositäten. Im Ergebnis leitet die Globalisierung zur Polarisierung über. Jedenfalls entstehen Kulminationszentren. Von dort geht die Macht aus und die Völker treten zu einem (hoffentlich friedlichen) Wettbewerb an, um letztlich die Monopolgewalt zu erringen. Im Wirtschaftsleben ist es ähnlich. Es streben die Unternehmen nach Marktherrschaft mit dem Ziel, alleiniger Anbieter ihrer Produkte zu werden. Sie sägen allerdings den Ast ab, der sie wachsen lässt, denn die Wettbewerbsbehörden achten auf funktionierende und effiziente Konkurrenz und schreiten bei oligopolistischen, spätestens bei duopolistischen Strukturen ein. Es gibt momentan jedoch keine spruchreifen Ansätze, eine solche globale Behörde zu etablieren.

Pluralismus ist eine Lösung!

Wenn die Zukunft so ungewiss ist, wie geschildert, hilft vermutlich eine Rückbesinnung auf die aktuelle oder frühere Situation. Was kann getan werden, um die kaum aufzuhaltende Globalisierung nicht in eine Polarisierung abgleiten zu lassen? Von einzelnen Menschen wird man keine größeren Beiträge erwarten dürfen. Es ist aber schon viel gewonnen, sobald mancher sich dem Pluralismus verschreibt. Sein Vorbild kann durch Multiplikatoren zu einer Bewegung heranwachsen — und dann ist es bis zur Völkerverständigung nicht mehr weit.

Schon jetzt lässt sich Pluralismus verwirklichen. Es beginnt mit der Neugier auf Menschen von außerhalb des eigenen Wirkungskreises. Sie haben uns Unbekanntes zu bieten: aus ihrem Leben, ihrer Sprache, ihrer Geschichte, ihren Manieren, ihren Berufen, ihren Wünschen und Träumen. Man kann als Einzelner der ganzen Runde durchaus etwas vorsetzen: wie man lebt, wohnt, sich kleidet, arbeitet, Freizeit gestaltet, sich erholt, verreist, sich um Familie, Freunde, Nachbarn und Bekannte kümmert, wie man mit Geld zurechtkommt, wie man mit Investitionen und Konsum umgeht, was man von Leuten, Dingen, Schulen, Ausbildung, Studium, Beruf, Politik hält, welche Traditionen man wie hegt, was Ehrgeiz, Neid, Hass, Patriotismus, Pazifismus bedeuten usw. Pluralismus bereichert den Alltag und macht auf fremde Lebensläufe und Lebenspläne aufmerksam.

Bestimmt sind nicht alle Menschen so aufgeschlossen und mitteilungsbedürftig. Ja, es gibt zahlreiche Mitbür-

Neuntes Kapitel: Auseinandersetzungen mit Unbekanntem

ger, die ihre eigene Routine schätzen und sich nicht für andere und erst recht nicht für Gäste und Fremde interessieren. Aber diesen Menschen entgeht etwas, nämlich das eigene Dasein zu reflektieren, zu relativieren und gegebenenfalls zu reaktivieren.

In der Zeit vor der Globalisierung entwickelten sich die Völker unabhängig voneinander. Es gab zwar immer wieder Globetrotter, seien es Feldherren, Soldaten, Missionare, Handlungsreisende oder Kolonisten gewesen, die ihre Kultur und Unkultur Fremden oktroyierten. Inzwischen vollzog die Globalisierung eine Wende. Jetzt ist man geneigt, Fremdes aufzuspüren, es zu verinnerlichen, sich Nützliches anzueignen und Schädliches abzuweisen, Die Globalisierung bringt einen wirtschaftlichen Aufschwung dort, wo Nachfrage mit Kaufkraft vereint ist. Ohne Kaufkraft tut man sich schwer. Dann erliegt man der Subsistenzwirtschaft, also einer vornehmlich örtlichen Bedarfswirtschaft, die weitgehend ohne Arbeitsteilung auskommt, der Selbstversorgung und Sicherstellung des Lebensunterhalts kleiner Gemeinschaften dient und lokale und regionale Märkte präferiert.

Die Tendenz zu landwirtschaftlichen Nahrungsmitteln aus der Region und zu handwerklichen Do it yourself-Praktiken scheint um sich zu greifen. Überhaupt trotzt diese Dezentralisierung der Globalisierung. Erstere verdankt ihre aktuelle Zuwendung der Einsicht, lange Transporte von Gütern zu Land, Wasser und Luft zu vermeiden, gentechnisch veränderte (statt durch Züchtung erstellte) oder nicht einsehbare Produkte zu bannen und einen Beitrag zum Natur-, Landschafts-, Tier- und Klimaschutz zu leisten.

Namentlich junge und aufstrebende sowie ältere und wohlhabende Personen hängen dieser Dezentralisierung und Regionalisierung an. Diese Menschen verzichten bewusst auf Mobilität oder schränken sie ein. Sie ziehen eine vegetarische oder vegane Küche (letztere ohne tierischen Ursprung) vor. Gründe liefern eine Reaktion auf die Globalisierung und eine Hinwendung zu (vermeintlich) gesunder Ernährung und zu ethisch verantwortlichem Verhalten. Effekt: Der Einzelne entzieht sich dem Überangebot, schränkt sich ein, wirkt in seinem Umkreis als Vorbild und wird eventuell als Leitbild wahrgenommen. Ideologisch (also eigentliche interessenorientiert, ohne sich Begründungen zu stellen) schwingt eine Kritik am Kapitalismus insofern mit, als er der Globalisierung Aufschwung verleiht.

Besinnung auf eigene Traditionen

Der Zeitgeist weht und man weiß nicht, was er aufwirbelt: mehr Globalisierung oder mehr Regionalisierung oder beide Entwicklungen. Vermutlich werden sich beide Entwicklungen ereignen und der übertriebenen Polarisierung abschwören und der erhofften Pluralisierung den Weg bereiten. Wie gesagt: der Einzelne ist diesen Entwicklungsprozessen nicht vollständig ausgesetzt. Mehr noch: er profitiert von ihnen einerseits durch effiziente Arbeitsteilung, jahreszeitliche und saisonale

Neuntes Kapitel: Auseinandersetzungen mit Unbekanntem

Produkte und erwerbswirtschaftliches Angebotsstreben, anderseits durch Bedarfsdeckung vor Ort, Überschaubarkeit der Erstellung und Verantwortung nachgefragter Güter und durch die Förderung umliegender Dienste und Einrichtungen.

Man ist gut beraten, beiden Entwicklungen sein Augenmerk und seine Aktivitäten zu schenken. Allerdings lehrt die Geschichte, dass Fortschritt einen Ausgangspunkt benötigt; man meinetwegen von einer Bestandsaufnahme, vom Stand des Wissens und der Technik (im übergeordneten Sinn) ausgehen muss, um erfolgreich zu sein. Oft ist an den Urspüngen („back to the roots") anzuknüpfen. Deshalb empfiehlt es sich, Tradition mit Innovationen zu verbinden. Überspitzt formuliert setzt der Fortschritt Tradition voraus. Anders gewendet: Keine Innovation ohne Tradition!

Der Begriff der Tradition wird gewöhnlich aus Makrosicht definiert. Danach versteht man darunter die Weitergabe von Überzeugungen, Brauchtum und Konventionen zwischen Generationen. Hier soll eine abgewandelte Begriffsbestimmung verwendet werden im Sinne einer Mikrosicht. Der einzelne Mensch soll sich seiner persönlichen Traditionen versichern. Er soll prüfen, was seine Vorfahren umtrieb, wie sie ihr Leben einrichteten, welche Berufe sie ausübten, über welche Fähigkeiten sie verfügten, wie die Ehen verliefen, wie sie ihre Kinder (kirchlich, militant, liberal) erzogen, was aus ihnen und deren Kinder wurde. Ob die Vorfahren Reisen und Umzüge unternahmen, gebildet oder ungebildet, gesund oder krank, wohlhabend oder arm waren,

Besinnung auf eigene Traditionen

gesellschaftliche Anerkennung genossen oder sozial auf Abstand blieben usw.? Vermutlich suchen die wenigsten Menschen nach solchen Traditionen ihrer zwei, aktuell: drei und künftig — wenn die Menschen immer älter werden — vier Generationen. Urenkel sind längst keine Seltenheit mehr! Hapert es schon am Interesse, ist den meisten Menschen wohl kaum Erfolg beschieden. Es gibt in den Familien nur wenige Aufzeichnungen, und altertümliche Bilder wurden oftmals ausgemerzt.

Alten Kirchenbüchern kann man Geburts- und Sterbedaten und die Religionszugehörigkeit entnehmen. Die Bücher wurden und werden von der religiösen Gruppe der Mormonen, einer Bevölkerungsschicht, die als besonders patriotisch gilt, gesammelt und ausgewertet, denn zu ihrem Glauben gehören Informationen über Familien und Gemeinschaftssinn. Mittlerweile hat sich daraus ein lukratives Geschäftsmodell entwickelt, das Auskünfte über Vorfahren entgeltlich anbietet.

Der Respekt gegenüber Adelsfamilien rührt wohl unbewusst daher, dass sie ihren Vorfahren mehr Achtsamkeit schenken. Sicherlich lässt sich anhand von Landgütern vergangener Generationen leichter gedenken und hat ein heutiger Erbe von Anwesen und archivierten Unterlagen einfacheren Zugang zu seinen Vorfahren und ihrem Leben. Aber auch einheimische Bürgerfamilien könnten über ihre Herkunft nachgrübeln. (In Land- und Stadtarchiven gibt es bestimmt manchen Informationsschatz zu heben.)

In Zusammenhang mit Krankheiten stößt man vielleicht auf unerfreuliche familiäre Ursprünge, beispiels-

Neuntes Kapitel: Auseinandersetzungen mit Unbekanntem

weise auf Diabetes, Magen-Darm-Leiden, Nierenversagen oder Epilepsie. Oder die Erinnerung knüpft an militärische Erfolge an, gegebenenfalls auch an öffentliche Ämter als Bürgermeister oder Lehensgeber. Manch ein Urahn machte sich als Gelehrter oder Künstler einen Namen, der seinerzeit bekannt war und vielleicht bis heute trägt. Aber diese Fälle sind Ausnahmen und für die breite Bevölkerung wenig ergiebig. Deshalb empfiehlt sich eine andere Vorgehensweise. Ich denke an Nachforschungen über die Heimat.

Zehntes Kapitel:
Jeder Mensch braucht eine Heimat

Lokale und soziale Beziehungen

Heimat ist der Ort bzw. das Quartier, in das man hineingeboren wird oder das als Wahlheimat zur Identität und Sozialisation beiträgt. Normalerweise umfasst der Begriff die Beziehung zwischen Mensch und Raum. Aber der lokale Bezug reicht nicht aus, hinzuzurechnen ist eine soziale bzw. gesellschaftlich ausgerichtete Sphäre. Welchen Einfluss übten die seinerzeitigen Familienangehörigen, Freunde, Nachbarn, Mitschüler und Arbeitskollegen aus? Wie empfand der kindliche, jugendliche oder erwachsene Mensch das Geschehen um ihn herum? War es behütet oder unsicher, stabil oder unsolide, belastbar oder leistungsfeindlich, großzügig oder kleinkariert?

Man könnte mancherlei Eigenschaften nennen, die die Heimatverbundenheit dokumentieren, beispielsweise Heimatliebe, Ästhetik der Bauwerke und Harmonie der Atmosphäre (im übertragenen Sinn des Wohlfühlens), Hässlichkeit der Örtlichkeit, Verlässlichkeit der Mitmenschen, wahrgenommene Zu- und Abneigung der Zeitgenossen, Freund- und Gegnerschaften, Wohlstand oder Armut der Familie, kirchliche und soziale Bindungen, berufliche Erfolge oder Misserfolge, ehrenamtliche Aktivitäten usw.

Es ist auch vorstellbar, dass sich der Einzelne seiner Heimat schämt, ihr nichts abgewinnt, ja sie sogar gern entbehrt und sich als heimatlos ausgibt. Doch irgendwann holt ihn das Erinnern an lokale Beziehungen ein. Selbst eine unstete Erziehung und ein häufiger Ortswechsel werden kaum dafür sorgen können, dass auch ein Heimatloser eine Art Heimat hat, nämlich die Heimatlosigkeit, anders gesagt: die fehlende orts- oder humangebundene Anpassung an gesellschaftliche Denkweisen und Lebensgefühle.

Die Heimat wird unterschiedlich erlebt. Die nostalgische Perspektive streitet gewissermaßen mit der genetischen Provenienz. Letztere determiniert meines Erachtens das Bewusstsein, und dieses prägt in Verbindung mit Erziehung, Ausbildung, Arbeit und Freizeit die Zugehörigkeit zur Heimat, zu Personen, Institutionen, eventuell auch zu Religion, Weltanschauung und Mentalität.

Heimatkunde ist out

Früher lernte man in der Schule im Fach „Heimatkunde" die landschaftlichen und menschlichen Besonderheiten der Region. Die Kinder befassten sich mit Geographie und Natur ihrer näheren Umgebung, also mit den örtlichen Bergen und Seen sowie mit der Tier- und Pflanzenwelt „vor der eigenen Haustür". Lohnendes Objekt der Erziehung war beispielsweise der Feldhamster: Säugetier, Unterfamilie der Wühler und damit eine von 20 Arten der Mäuseartigen. Oder der Wiesen-Champignon: eine Pilzgattung aus der Familie der Champignonverwandten. Hamster sind durch Monokulturen in Deutschland vom Aussterben bedroht. Champignons findet man wegen der Überdüngung kaum mehr auf Wiesen. Sie werden in Gewächshäusern gezüchtet und zur Ernährung feilgeboten. Dieses heimatliche Wissen ist offenbar unattraktiv und irrelevant geworden. Interessiert man sich dafür, schlägt man online Wikipedia-Enzyklopädien oder andere Massenmedien nach.

Um exotische Fauna und Flora zu sehen, muss man Zoologische und Botanische Gärten besuchen. Ferne Lebenswelten spielt heute das TV ein oder man unternimmt Fernreisen dorthin.

Was bedeutet das für mich und das Ganze? Dreierlei: Interessenverlagerung mit Distanzvernichtung und Technikzueignung. Ziehen wir ein Beispiel heran. Was kümmert sich ein Jugendlicher in dieser Generation um Baumarten? In vergangenen Jahrhunderten war das einschlägige Wissen eminent wichtig, weil man aus Ahornen, Apfelbäumen, Buchen, Eichen, Eschen, Fichten, Kastanien, Kiefern, Kirschbäumen, Lärchen, Pappeln, Platanen oder Weiden Häuser baute, Möbel und Musikinstrumente fertigte, Brennholz brauchte, Fahrzeuge erstellte, Lebensmittel gewann, Aufforstungen durchführte usw. Andere wirtschaftlichere Materialien wurden nach und nach verwendet. Das Interesse an Bäumen verlagert sich. Heute betrachtet man Bäume als Naturliebhaber und Tourist und informiert sich über sie in Lexika und Netzpublikationen. Abgesehen von der Schönheit der Bäume und Wälder faszinieren mittlerweile deren Beiträge zum Natur-, Wetter- und Klimaschutz, ihre Botanik und Kommunikation mit Pilzen und generell ihre Bedeutung für regionale und globale Ökologie. Die Vegetation mit Subtropen, Klimazonen und Regenwäldern sowie die ganzen Landschaften zerstörende Raubbau sind für jeden Einzelnen relevant und für eine Vielzahl von Menschen von unmittelbarem Belang. Die frühere naturnahe Beziehung ist einer intellektuell-technischen Betrachtung gewichen. Noch halten wir schädliche Entwicklungen für blockierbar und mittels technologischen Know-how für korrigierbar. Aber die Kipppunkte im Sinne von Momenten ohne Rückkehrmöglichkeit rücken näher. Beschleunigung von Aufforstung und Entschleunigung von Bewuchsschäden erweisen sich als überfällig.

Wahlheimat ist in

Wohnortwechsel, familiäre und berufliche Veränderungen haben häufig zur Folge, dass im Kindes- und Jugendalter keine dauerhaften Bindungen zum Quartier entstehen können. Es bleiben nur oberflächliche Erinnerungen, geschweige denn Prägungen, zurück. Hohe Scheidungsraten, Alleinerziehung, neue Arbeitsfelder und alternierende Arbeitsplätze der Eltern verhindern bei jungen Menschen ein beständiges Eingewöhnen.

Diese Fluktuation ist zwar entbehrungsreich, löst aber flexibles Anpassen aus. Hier beginnt die positive Wirkung der Wahlheimat. „Meist erkoren, und keine geborene Alternative" könnte die Schlagzeile für eine Wahlheimat lauten.

Je differenzierter die Arbeitsteilung bei Gütern und Diensten im Hinblick auf Erforschung, Auswertung, Entwicklung, Genehmigung, Beschaffung, Erstellung, Erprobung, Begutachtung, Lagerhaltung, Lieferung, Vermarktung und Bezahlung jeweils in Begleitung elektronischer Programmierung mit lokalen, regionalen, nationalen, kontinentalen und globalen Wechselbeziehungen geschieht, desto mehr bringt sich die Wahlheimat ins Spiel. Sie ist zumindest eine Zeit lang der Dreh- und Angelpunkt im Leben. Falls noch nicht erfolgt, finden in der Wahlheimat Identitäts-, Sozialisations- und Integrationsprozesse statt. Oder sie überrollen frühere Ereignisse, indem sie diese bestätigen oder verwerfen, revidieren und neu justieren.

Die Wahlheimat birgt insoweit Chancen und Risiken. Einerseits bietet sie Gelegenheit, sich von unguten Erinnerungen zu befreien und andersartige Bedingungen und neue Zeitgenossen kennenzulernen. Andererseits kann man mit der Wahlheimat fremdeln, ihr also nichts abgewinnen und froh sein, sie bald wieder zu verlassen. Nach aller Erfahrung bleiben die Erkenntnisse im Gedächtnis, so dass es keine eigentliche, sondern nur eine bedingte Rückkehr gibt.

Die Ursprungs- und die Wahlheimat besitzen einen unverzichtbaren Sensor, den man nicht ignorieren darf,

Zehntes Kapitel: Jeder Mensch braucht eine Heimat

denn „Wo soll man hingehen, wenn man nicht weiß, wo man herkommt?" Dieser Spruch eines Gelehrten (wahrscheinlich von Marron Curtis Fort (1938-2019), amerikanisch-deutscher Germanist und Erforscher der niederdeutschen Sprache) verdeutlicht die fundamentale Bedeutung des menschlichen Lebensraumes. Wir Menschen teilen diese Eigenschaft mit der Tier- und Pflanzenwelt, für die der Aufenthaltsbereich, genannt Habitat, grundlegend ist. Dort beeinflussen spezifische Faktoren die Lebensstätte, das Biotop, von Fauna und Flora. Stellt man einen Bezug zum Menschen her, dürfte auch sein Gedeihen von der (geborenen oder erkorenen) Heimat abhängen. Wie um die durch Zivilisation verursachten Habitatsverluste muss man sich um das Verschwinden von Heimat kümmern. Denn das Heimweh auf verlorene Orte und Gemeinschaften empfindet der Mensch als Vereinsamung, die sich schließlich in einer Entkräftung und Erkrankung niederschlagen kann.

Elftes Kapitel:
Begabung ist Tradition plus Innovation

Die formelartige Formulierung der Kapitelüberschrift lehnt sich zwar an eine mathematische Grundregel an. Es ist aber keineswegs an Mathematik gedacht. Die Überschrift soll aussagen, dass Begabung bzw. Talent im Wesentlichen auf zwei Einflussfaktoren beruht: auf einer Bestandsaufnahme und darauf aufbauend auf kreativem Fortschritt. Begabte Menschen — und erst recht hochbegabte Menschen — gründen ihre Kenntnisse oder Fähigkeiten auf traditionellem Wissensstand, Gedankengut, Handwerk oder Kunstverständnis. Von diesem sog. Stand der Technik („state oft the art") aus entwickeln sie Neuerungen (Innovationen), die entweder auf Erfindungen (Inventionen) beruhen oder sie platzieren die Neuerungen in der Allgemeinheit oder in ihrem Fachgebiet (Diffusion).

An einem Beispiel sei dies konkretisiert. Ein talentierter Musiker kann besondere Fähigkeiten als Komponist, Arrangeur, Interpret oder Kommentator erbringen. Stets wird er Vorläufer beurteilen und dann seine Sache entwickeln. Die Vorläufer können als Vorbilder dienen und ihn zum Epigonen machen oder er imitiert nicht, sondern er schöpft Neues und wird zum Avantgardist seiner Profession. Selbst wenn keine Musikalität vorhanden ist, kann sich die Begabung anders äußern, etwa päda-

Elftes Kapitel: Begabung ist Tradition plus Innovation

gogisch, didaktisch oder journalistisch. Ein unmusikalischer Mensch mag dennoch Musik lieben oder fördern, indem er als Impressarius tätig wird, Konzerte organisiert, zu Veranstaltungen einlädt oder sie bewirbt.

Dieses vorteilhafte Beispiel muss man um eine negative Variante ergänzen. Denkbar sind auch Menschen, die dem Musiker oder Musikern Übel wollen. Diese Menschen mögen Missfallen, Vergeltung oder Schmach äußern. Ihr Talent kann durchaus verletzend sein. Sie werden ihre (kritische, gegebenenfalls auch kritizistische) Begabung ebenfalls an Vergangenem und Gegenwärtigem orientieren und Einwände gegen Innovationen vorbringen. Sie fischen auch im traditionellen Teich, nicht aber nach schmackhaften und nährhaften Speisefischen, sondern nach Raubzug und lästigem Getier.

Jeder hat bestimmte Gaben

Meine Denkweise ist wie folgt: Jeder Mensch hat bestimmte Gaben. Was häufig fehlt, sind ihr Erkennen und Handhaben. Beides muss man sich erarbeiten und zwar als Autodidakt oder in Schule und Ausbildung, im Studium oder Beruf, ebenso in Ehe, Familie, Partnerschaft, Freundschaft, Nachbarschaft, im Bekanntenkreis oder in der Öffentlichkeit. Für das eigene Erkennen eines Talents ist — wie angedeutet — die Rückbesinnung auf eigene Traditionen wesentlich. Helfen können hier Selbstreflexion und motivierende Lehrer. Zum Vorschein kommen Fähigkeiten wie Wissbegierde, Fantasien, Men-

Jeder hat bestimmte Gaben

schenführung, Verlässlichkeit, Kontakt- und Teamfähigkeit, Solidarität, Loyalität, Umgangsformen, Organisationstalent, Fertig- bzw. Geschicklichkeiten, (bildendes, darstellendes, literarisches, musikalisches) Künstlertum, Sensibilität, Selbstkontrolle, Schaffenskraft, Entschlusskraft usw. Will man diese Eigenschaften ordnen, verfügt manch einer über intellektuelle, kommunikative, physische, psychische und technische Fähigkeiten. Es sind auch schlechte Gewohnheiten verbreitet, nämlich Arbeitsscheu, Missgunst, Eifersucht, Unzuverlässigkeit, Leichtfertigkeit, Unbedarftheit usw. Hat man die Begabung oder Begabungen erkannt, kann man sie entweder verschweigen, um sie nicht herauszufordern oder — was die Regel sein dürfte — zum Einsatz bringen. Dann bereichern sie meistens auch die Gemeinschaft. Diese ist daran interessiert, weil Talente und zwischenmenschliche Beziehungen das Zusammenleben erleichtern und besser gestalten. Ansonsten würden wir nach einer Blinddarmentzündung sterben, Zahnschmerzen kaum ertragen, Entfernungen nicht bewältigen können, Helligkeit als außergewöhnlich erachten, schwere Güter nicht auf die Reihe bringen, kaum wissen, mit welchen Gefühlen und Reaktionen beim Gegenüber zu rechnen ist, wie Probleme früher gelöst wurden, welche Art von Unterhaltung Erfolg verspricht, wie Regeln Sportkämpfe beeinflussen und Wettbewerb fördern. Die Liste ließe sich mit ungezählten Beispielen erweitern.

Wo Begabungen brach liegen, ist kein Fortschritt zu erwarten. Anders gewendet: Begabungen sollten offenbart werden, um Innovationen zu verwirklichen. Eine

Elftes Kapitel: Begabung ist Tradition plus Innovation

Gesellschaft und Wirtschaft, die diesen Zusammenhang vernachlässigt, verharrt im Stillstand. Ursachen dafür gibt es zahlreiche. Sie mögen in klimatisch ungünstigen Bedingungen und/oder in sozialen Strukturen liegen. Gegen erstere kann man sich durch Anpassen und schlimmstenfalls Auswandern erwehren, gemäß den obigen Ausführungen: die geborene Heimat durch eine erkorene ersetzen. Beim zweiten Argument dürfte gesellschaftlicher Wandel vonnöten sein. Bildungsbürger und gut Betuchte müssen die Bevölkerung an Bildung und Eigentum beteiligen (wie gesagt: um Fortschrittsideen zu stimulieren, aber auch um Menschlichkeit zu praktizieren). Auf diesem Weg befinden sich viele Staaten, Deutschland eingeschlossen. Doch existieren für diese Vorgehensweise zwei grundlegende Strategien. Eine verspricht im Wettbewerb mit anderem größerem Erfolg als die zweite. Die beiden Stichworte dafür lauten: Spitzenförderung und Breitenförderung.

Spitzenförderung tut Not

Im Sport kennt man die Bedingungen: Wie bei einer Pyramide ist eine große Basis von Sportlern herzustellen, aus denen die Spitzenkräfte ausgewählt werden können. Je größer die Basis, desto höher die Spitze! Trifft dieser Kausalnexus auch für (Hoch-)Begabung zu? Bei Sportlern entscheiden nach und nach körperliches Wachstum, geistige Verfassung und seelisches Gleichgewicht. Die Begabungen ansonsten sind bereits im frühen Kindheitsstadium angelegt und können durch Pädagogik kultiviert werden. Spätestens bis zur Pubertät — von Spätzündern abgesehen — entwickeln sich Talente. Sie bleiben auf der Strecke, wenn sie weder gefördert werden noch im Stillen verweilen.

Spitzenförderung im Sport und generell muss deshalb frühzeitig einsetzen. Man darf nicht warten, weil Begabungen verkümmern können. Bestimmt weiß man das von seiner eigenen Entwicklung. Ich malte mit Farbstiften schön und gut, lernte aber viel zu spät mit Aquarellfarben umzugehen oder gar Skulpturen mit Knetmasse zu gestalten. Nach wie vor male ich wie ein Minderjähriger.

Für die Spitzenförderung sind passende Voraussetzungen zu schaffen. Sie bestehen allgemein aus einem Klima des Lobens, Anerkennens, Wertschätzens und der Sicherstellung begleitender Beobachtung, Auswertung und Prüfung. In den Kindertagesstätten und Grundschulen mangelt es oftmals an einschlägigem Knowhow. Eltern sind mitunter ebenfalls überfordert. Folglich ist dafür zu sorgen, dass speziellen Förderungseinrichtungen, gegebenenfalls auch Colleges und Internate, vorgehalten werden, um Spitzenkräfte mental und manuell zu fördern.

Momentan ist man eher von der genannten zweiten Strategie überzeugt. Man öffnet in Deutschland die Schulen und Hochschulen für möglichst viele Jugendliche in der Hoffnung auf eine große Ausbeute an gebildeten Erwachsenen. Mein Einwand: die Öffnung kommt zu spät und ist in der Breite nicht gerechtfertigt. Im

Elftes Kapitel: Begabung ist Tradition plus Innovation

Übrigen: Wenn sich der Staat betätigt, wird das Angebot viel zu teuer, wahrscheinlich auch überbürokratisiert. Diese Strategie der Breitenunterstützung hat zwar den Vorteil, dass viele Menschen, namentlich Flüchtlinge, inkludiert werden können. Nachteilig wirken sich aber eine sinkende Qualität der Schülerleistungen und Schwierigkeiten bei der Integration insbesondere fremdländischer und fremdsprachiger Schüler aus. Diese Effekte zehren an der Autorität der Lehrer und drücken das Niveau der Erziehung. Die Elternschaft wird polarisiert. Ein Teil ist für, ein anderer Teil gegen diese Breitenförderung.

Zwölftes Kapitel:
Am Ende zählt das Bürgerwohl

Ausgangspunkt war: Der einzelne Mensch steht vor einem großen Ganzen, vor einem großen Bereich, System, Kosmos. Der Text unterteilte das Ganze und wir widmeten uns beispielhaft der Zivilisation, formalen Bindungen und alltäglichen Lebenswelten. Wie wirken die Bindungen auf uns ein und wie befriedigen wir unser Geltungsbedürfnis? Dabei interessierten die Technokratieentwicklung, Fortschrittsvoraussetzungen, Rückbesinnung auf Traditionen und Heimat und die Aufbietung von Talenten. Diese sind für den Einzelnen und das Ganze von großer Bedeutung.

Wie im Wirtschaftsleben der Eigennutz Treibriemen für den Gemeinnutz ist, begünstigen Talente die Gesellschaft. Begabte Menschen bereichern sich und ihre Mitbürger.

Logische Konsequenz daraus: Hinwendung zur Begabtenförderung und Abkehr von hemmenden Einflüssen. Mit Letzterem setzen wir uns im Folgenden auseinander (nachdem Begabung bereits im vorangehenden Kapitel erörtert worden ist). Vier Bereiche kommen zur Sprache, wo meines Erachtens politische und gesellschaftliche Weichenstellungen ins Abseits führen: Bei unseren Hochschulen, den Rundfunkanstalten, im Gesundheitssystem samt der verbreiteten Mentalität. Es wird versucht, Lösungen vorzuschlagen.

Zum Niedergang der Hochschulen

Es soll hier nicht das Jammern der Hochschulen aufgegriffen werden, angesichts der überbordenden Aufgaben zu wenig Finanzmittel zu erhalten. Der Niedergang der Hochschulen ist grundsätzlicher Art. Sie gleichen schwer beladenen Tankern, die im nationalen Bildungsmeer manövrierunfähig geworden sind und dahintreiben bis sie Schiffbruch erleiden. Anzeichen für eine solche (Bildungs-/Hochschul-)Katastrophe nehmen überhand: Aufwendig kontrollierter Zugang, Bedenken bei Eignung und Befähigung von Studierenden, übervolle Hörsäle, Massenveranstaltungen, ineffiziente Lehre, bürokratisierte Selbstverwaltung, mangelhafte Nachwuchsförderung, ungenügende Lebenshaltung für Studierende, unzureichendes Stipendienwesen — um die wichtigsten Schwächen zu nennen. Eine nächste Bildungsrevolte muss befürchtet werden.

Eine fundamentale Schwäche ist in Deutschland vor allem der diffizilen Arbeitsteilung zwischen Universitäten und Fachhochschulen geschuldet. Die Abgrenzung wird so vorgenommen, dass Universitäten als wissenschaftliche Hochschulen und Fachhochschulen als Hochschulen für Angewandte Wissenschaften („Universities of Applied Sciences") verstanden und finanziert werden. Die Unterscheidung ist nicht nachvollziehbar.

Vordergründig und juristisch weist man wissenschaftliche Forschung und Lehre den Universitäten zu und haben Fachhochschulen „wissenschaftliche Grundlagen mit anwendungsorientiertem Schwerpunkt" zu betreiben. Tatsächlich betätigen sich Universitäten, vornehmlich Technische Universitäten und Universitäten mit Studienkollegs (für ausländische Studierende zur Vorbereitung auf ein Fachstudium), Sport-, Medizin-, Botanik- und Zoologieinstituten, Kliniken, Labors, Werkstätten und Einrichtungen für Weiterbildung anwendungsorientiert (nur ein Beispiel: in der Krankenversorgung durch Universitätskliniken). Fachhochschulen führen mit Finanzmitteln Professoren, Mitarbeiter und Organisationseinheiten erledigen Forschungsprojekte, die zwar auf Anwendung bedacht sind, aber auch Grundlagenforschung beinhalten.

Abgrenzungsprobleme bestehen auch zwischen Universitäten und der „Max-Planck-Gesellschaft (MPG) zur Förderung der Wissenschaften e.V." in Berlin. Sie unterhält 85 überwiegend staatlich finanzierte Einrichtungen im Bereich der Grundlagenforschung, die transdisziplinär und ressourcenaufwendig ist und von Universitäten nicht geschultert werden kann. Ergänzende Kooperationen nehmen Hochschulen, auch mit der Deutschen Forschungsgemeinschaft (DFG) e.V. Bonn wahr. Sie fördert den wissenschaftlichen Nachwuchs besonders durch Vergabe von Projektmitteln, die zu zwei Dritteln vom Bund und einem Drittel von den Ländern stammen. Ferner mit der „Wissenschaftsgemeinschaft Gottfried Wilhelm Leibniz (WGL)" in Berlin. Ihr gehören zur Zeit

97 Institute und Museen an, die intensive Forschungsarbeit auf den Gebieten der Natur-, Ingenieur-, Umwelt-, Wirtschafts-, Sozial-, Raum- und Geisteswissenschaften leisten und gemeinsam von Bund und den Ländern je zur Hälfte finanziert werden. Weitere Partner der Hochschulen sind die Fraunhofer-Gesellschaft zur Förderung der angewandten Forschung e.V. in München, die über 80 Forschungseinrichtungen insbesondere für Vertragsforschung zum Nutzen für Unternehmen und zum Vorteil der Gesellschaft betreibt, und die Helmholtz-Gemeinschaft Deutscher Forschungszentren e.V., die besonders Großgeräte für naturwissenschaftlich-technische und biologisch-medizinische Forschung zur Verfügung stellt. Sitz der Helmholtz-Gemeinschaft ist Bonn. Die Finanzierung liegt größtenteils beim Bund, daneben bei den Ländern und bei eingeworbenen Drittmitteln. Aufgrund der durchaus zweckmäßigen außeruniversitären Forschung in Deutschland gehören riesige Forschungsbereiche nicht mehr den Universitäten an.

Die Universitäten behelfen sich mit Sonderforschungsbereichen, Graduiertenkollegs, Forschungsgruppen und Einzelprojektforschung, verfügen über das Promotions- und Habilitationsrecht und widmen sich primär dem Studien- und Lehrbetrieb und den Prüfungen. Die Menge an Studierenden zählt, ebenso die Bibliotheksbestände und Medienbeschaffungen, die Größe von Fakultäten, Instituten, Lehrstühlen samt der Dienstposten, das Verwaltungspersonal und das Drittmittelvolumen. Gezählt werden Studiengänge, Lehrdeputate, Seminarplätze und -teilnehmer, Sitze in Hörsälen, Mensen

Zum Niedergang der Hochschulen

und Wohnheimen, akademische Grade, nicht zu vergessen die Zählung der Publikationen, Drittmittel und Einkünfte aus Nebentätigkeiten.

Kennzeichnend für die staatlichen Hochschulen in Deutschland (genauer: für die größtenteils von den Ländern finanzierten Hochschulen, die den Löwenanteil neben nichtstaatlichen Hochschulen ausmachen) sind demnach quantitative Indikatoren. Die die Steuermittel verwendenden Ministerien teilen nach Größenordnungen zu. Eine Folge: Für Professoren und ihre Reputation ist es wichtiger, möglichst viele Studien statt möglichst wirkungsmächtige zu veröffentlichen. Im Übrigen scheinen wir in einer Zeit disruptiver Wissenschaft zu leben. Es heißt: Wissenschaftliche Erkenntnisse und Erfindungen hätten ihre Höhepunkte hinter sich, Wissen häufe sich an und das Erlernen werde umfangreicher und schwieriger, die Zahl der Wissenschaftler und Ingenieure sei rückläufig, für technologischen Fortschritt brauche es exponentiell wachsende Finanzmittel. Ich teile diese Ansicht nicht. In allen Bereichen der Forschung lassen sich meines Erachtens erhebliche Qualitätsverbesserungen erzielen und neuere Technologien einführen (so wie LED-Lampen herkömmliche Glühbirnen ersetzten).

Qualitätserfordernisse spielen leider in deutschen Hochschulen eine nachrangige Rolle, insbesondere bei der Lehre. Wo und wie wird Qualität beachtet und kontrolliert? Gibt es genügend Anreize für gute Lehre? Widmen sich Professoren und Assistenzen ausreichend den Anliegen der Studierenden? Wird Rechenschaft über

Zwölftes Kapitel: Am Ende zählt das Bürgerwohl

(erfolgreiche und misslungene) Lehrveranstaltungen gelegt? Wie transparent sind Berufungsverfahren von Professoren? Wie lang ziehen sich Hochschulprüfungen, vor allem Doktorprüfungen, hin?

Neben abgängiger Forschungsorientierung an Hochschulen, erschöpfenden Lehrverpflichtungen und einseitiger Größenfinanzierung kranken Universitäten hierzulande daran, dass sie als Leistungsanbieter begriffen werden. Abiturienten und Personen ohne Fachhochschul- oder Hochschulreife nutzen die studiengebührenlose Akademisierung ihrer Berufsvorbereitung, um sich im Beruf das erlernte Wissen aufwendig bezahlen zu lassen. (Man hört auch, dass viele Deutsche nach Abschluss ihres Medizinstudiums auswandern, um ihr Einkommen nicht durch Bürokratismus und Steuerbelastung schmälern zu lassen. Mehr als die Hälfte der Ärzte in der offenbar finanziellen und sonst attraktiven Schweiz sollen Deutsche sein.)

Staatliche Universitäten und staatliche Fachhochschulen müssten einem Paradigmenwechsel unterworfen werden. Wie nichtstaatliche Hochschulen hätten sie Studierende als Kunden zu behandeln, beim Immatrikulieren, im Studium und nach dem Studium beim Begleiten im Beruf. Welche staatlich finanzierte Hochschule in Deutschland weiss, wohin sich ihre Absolventen gewendet haben, wo sie untergekommen sind und was sie im Laufe der Jahre erreichten? Es genügt nicht, an Stelle von Studiengebühren Studienversicherungen, Studentenwerksbeiträge und Job-Tickets zu erheben.

Studiengebühren müssten die Grundlasten von staatlichen Hochschulen finanzieren helfen, namentlich die Kosten für Infrastruktur und fest bezahlte Dienstposten. Da Studiengebühren und Lebenshaltungskosten erkleckliche finanzielle Probleme bereiten und von vielen Studierenden und ihren Eltern nicht aufgebracht werden können, wäre das Stipendienwesen beträchtlich auszubauen. Für Hochbegabte existieren bereits zahlreiche Stiftungen und Vereine. Stipendien müssten aber auch für begabte Studierende nach entsprechenden Nachweisen und Auslesewettbewerben eingerichtet werden. Bei der Konkurrenz um die besten Professoren wären deren Gehälter frei auszuhandeln, Überhaupt sollten sich wissenschaftliche Hochschulen und Fachhochschulen des Staates weniger als Behörden (sui generis) und mehr als im wissenschaftlichen Wettbewerb stehende Unternehmen gerieren (wie das längst in anderen Staaten bei staatlichen und nichtstaatlichen Hochschulen geschieht).

Die neue Struktur der Hochschullandschaft müsste die Universitäten zu größeren Forschungsanstrengungen verleiten und den wissenschaftlichen Nachwuchs gezielter fördern. Dementsprechend würden sich die Universitäten verkleinern und die Massenveranstaltungen in der Lehre zugunsten stärkerer Individualisierung verschwinden. Zugleich erwüchsen den Fachhochschulen fachbezogene Ausbildungsaufgaben, die — wie weiter oben erwähnt — die wissenschaftlich fundierte, interdisziplinäre Ausbildung von Meistern im Handwerk einschließen. Die fachlichen, technischen, rechtlichen, kaufmännischen, internationalen, ökologischen, ethischen und sprachlichen Anforderungen für Meister könnten wohl angemessener von Fachhochschulen bewältigt werden.

Was den globalen Wissenschaftswettbewerb anbelangt, hat sich noch kein endgültig leitendes Prinzip herauskristallisiert. In Deutschland folgen die Universitäten der Humboldtschen Einheit von Forschung und Lehre und dem Grundsatz des wissenschaftlichen Studiums. Großbritannien hält am Prinzip „Education" fest, wenn es auch wegen der hohen finanziellen Belastungen nur von einzelnen traditionellen Universitäten (in Oxford (seit 1167), Cambridge (seit 1209), St. Andrews (seit 1411), Glasgow (seit 1451) und Aberdeen (seit 1494) u.a.) gepflegt werden kann, Die US-amerikanischen Universitäten präferieren das Leitbild „Training for the Job", was allerdings von den etwa zwei Dutzend global hochrangigen Universitäten, die mit enormen Geldbeträgen ausgestattete Forschung betreiben, nebenher erledigt wird.

Keine optimale Lösung ist auch im Hinblick auf Leitungsstrukturen, Präsenz- und Fernstudien mit Einbeziehung von Künstlicher Intelligenz (KI) in Sicht. Hier werden weltweit unterschiedliche Lösungsansätze praktiziert. Vorherrschend sind monokratische Leitung der Hochschule und Verantwortlichkeit wie bei Behörden, ebenso ein Studienmix, bestehend aus Anwesenheitsintervallen und Homeschooling mit digitalisiertem Unterricht für geeignete Fächer. (Im Folgenden möchte ich mich zu einigen offenen Fragen äußern. Vielleicht gelingt es sogar, sie einvernehmlich zu beantworten.)

Superlative in den Medien

Hochschulen sind Bildungseinrichtungen, die sich hauptsächlich an Jugendliche und junge Erwachsene wenden, die einen höheren Schulabschluss vorweisen können. Medien in Form von Presse (Printmedien) und elektronischen Massenmedien mit Ton- und Bildträgern, Rundfunk (Hörfunk und Fernsehen), Internet und Online-Diensten dienen der Bildung, Information, Kommunikation und Unterhaltung der gesamten Bevölkerung. (Teil der Medien sind außerdem individuelle Träger wie Bücher, Datenträger und Telefon. Sie richten sich auf bestimmte Empfänger aus. In den anschließenden Überlegungen werden sie nicht angesprochen.)

Die Heterogenität der Bevölkerung erschwert den Massenmedien den Zugang zur Zielgruppe. Diverse Bildungsabschlüsse, Informations- und Kommunikationsbedürfnisse und Unterhaltungs(spiel)arten fordern eine bunte Palette an zu sendenden Produkten heraus. Da die Produkterstellung mit erheblichen Kosten verbunden ist, kommen bei Anbietern und Nachfragern Budgetrestriktionen hinzu. Es stellen sich drei grundlegende Fragen erstens nach der Akzeptanz der Empfänger, zweitens nach der Abhängigkeit vom Staat und drittens nach der Finanzierung der Programme.

Zwölftes Kapitel: Am Ende zählt das Bürgerwohl

Ad 1: Den unterschiedlichen Empfängern müssen Angebote unterbreitet werden, die ihren Interessen entgegenkommen. Bei technisch dominierten Massenmedien für Kommunikation gibt die riesige globale Verbreitung sowohl von elektronischer und mechanischer Hardware als auch von Software die Antwort. Sobald Medieninhalte eine Rolle spielen, scheiden sich die Geister. Manche Empfänger wollen ein anspruchsvolles, andere ein schlichtes Programm. Manche wünschen sich eine eilige, andere eine entschleunigte Unterrichtung. Da behelfen sich Zeitungen und Programmveranstalter mit eingängigen positiven und negativen Superlativen. Sie dramatisieren das Tagesgeschehen. Superlative finden sich nicht nur auf der Aufmacherseite von Zeitungen und in priorisierten Nachrichten und Kommentaren in anderen Medien, sondern in allen Bereichen von Feuilleton, Kultur, Wirtschaft, Wissenschaft, Familie, Sport und Reisen.

Eine knappe Seite ausgewählter und alphabetisch gereihter Stichworte für Superlative mögen die Aussage bestätigen: missglückte Abfallentsorgung, Alkoholmissbrauch, Atomkernschmelze, Bergwerkunfälle, großflächige Bodenversiegelung, Chemieunfälle, Cyberangriffe, Dammbrüche, bedeutende Dokumentenfälschungen, Drogentote, Eisenbahnunfälle, Epidemien, sexuelle und pornografische Exzesse, Flüchtlingselend, Flugzeugabstürze, Folter, Giftanschläge, Haifischattacken, Inzucht, Justizopfer, immense Kirchenaustritte, Korruption, Kriege, Leben und Sterben von berühmten Zeitgenossen, Morde samt Selbst- und Rufmorde, Naturkatastrophen, Nobelpreise und andere hohe Auszeichnungen, Ohnmacht gegenüber Autokraten, Pandemien, Plagiate prominenter Personen, Putsche, landes-, regional- und lokalweite Quarantänen, Regenwaldrodungen, Revolutionen, leichtfertiger Rohstoffabbau, gerichtliche Schauprozesse, Schiffsuntergänge, Sonnenfinsternis, große Steuerstraftaten, massenhafte Stromausfälle, Tierartenschwund, Unzucht, abscheuliche Verbrechen, Vergewaltigungen, kilometerlange Verkehrsstaus, öffentliche Verschwendung, Wahldesaster, Waldsterben, Warlords, Weltrekorde und Siege in olympischen Sportarten, Wetterkapriolen, Wirtschaftskriminalität, Zukunftsängste.

Mit Superlativen erreichen Massenmedien weite Kreise des Publikums. Zugegeben, dass mit außergewöhnlichen Parolen und Phrasen zum einen eine gelinde Akzeptanz einkehrt und sich das Schimpfen über die anderen Leser, Hörer und Zuschauer in Grenzen hält. Es dürfte aber zum anderen unbestritten sein, dass weitaus größere Teile der Bevölkerung seichte, unanstrengende Artikel und Sendungen ernsten und strapaziösen Darstellungen vorziehen. Die Konsequenzen sind absehbar: Das Niveau verflacht, anspruchsvolle Zeitungen, Hörfunk- und Fernsehsendungen sowie elektronische Plattformen erreichen nur noch kleinere Teile der Bevölkerung. Auflagenhöhe, Einschalt- und Nutzerquoten bröckeln, Produktionskosten steigen infolge reduzierter Umsätze, nur noch finanzstarke Schichten können sich die teuren Angebote leisten, bis auch sie darauf verzichten und sich anderweitigen Ersatz besorgen. Er besteht unter Umständen aus billigeren elektronischen Massenmedien mit einfachen Medieninhalten. Wirtschaftlich ist von Marktbereinigung die Rede, für die Gesellschaft sinkt das Niveau an Nachrichten, Meinungen (Leserbriefen und Kommentaren) und letzten Endes verliert die Gesellschaft ein maßgebliches Stück Freiheit in der Demokratie.

Ad 2: Es ist vorhersehbar, dass der Staat mediale Einflussnahmen auf Gesellschaft und Wirtschaft für seine Zwecke nutzt. In der Demokratie mögen Vorkehrungen getroffen werden, damit Berichterstattungen, Dokumentationen, Begehren der Parteien, Durchsetzung von Regierungspolitik, Kritik an politischen Maßnahmen, bürgerschaftlicher Widerstand usw. wahrheitsgemäß und wirklichkeitsgetreu erfolgen können. In Deutschland betonen mehrere Urteile des Bundesverfassungsgerichtes die Freiheit der Rundfunkanstalten respektive deren Staatsferne.

Die Möglichkeiten der Künstlichen Intelligenz (KI) lassen in Diktatur und Demokratie erschaudern, denn Begriffe, Bilder, Audio- und Video-Inhalte können manipuliert werden. Die Künstliche Intelligenz hat eine beispiellose Entwicklung bereits hinter sich. Ihr auf KI basierendes Dialogsystem Chat GPT verfasst nicht nur Abhandlungen und Gedichte, sondern bestreitet auch Interviews. Riesige Datenmengen aus Datenbanken und dem Internet erlauben erstaunlich differenzierte (und nicht nur platte) Gespräche. Vom Software-Konzern Microsoft weiß man, dass dafür Milliarden US-Dollar investiert werden. Lässt eine „Schöne neue

Welt" grüßen, um den 1922 (!) erschienenen Roman „Brave New World" von Aldous Huxley (1894-1963) zu zitieren? So gesehen ist eine Zusammenarbeit zwischen Massenmedien, Justiz und Nachrichtendiensten definitv zu unterbinden. In Diktaturen existiert diese Kooperation systembedingt. Ein demokratischer Staat muss die Massenmedienanbieter zu fairen Sendungen zwingen und bei Verstößen Anzeigen und Geldstrafen verhängen, notfalls den Datenverkehr zügeln oder blockieren. Mit den rechtsstaatlich gerechtfertigten Druckmitteln wird erreicht, dass sich die Programmveranstalter nicht zu einem illegitimen Staat im demokratisch gewählten Staat aufschwingen und letzteren unter Umständen sogar ersetzen.

Ein demokratischer Staat muss dafür sorgen, dass Schüler ihr Lernverhalten ändern. Die Digitalisierung ersetzt mit ihren kolossalen Datenmengen klassische Stoffvermittlung. Die Daten müssen je nach Fragestellung neu zusammengestellt werden. Bisherige Routinearbeiten übernehmen die Programme. Erste Versuche starteten Dänemark, Großbritannien und USA. Schüler sollten Methoden lernen, wie man das Wissen problemgerecht verarbeitet. KI-gestützte Lernprogramme sind im Kommen, auch wenn momentan in Schulen in Deutschland noch an WLAN, Datenschutz und Datensicherheit laboriert wird. Vorstellbar ist, dass man KI auf den einzelnen Schüler zuschneidet. Dafür erhält der Algorithmus sehr viele personifizierte Daten, was den Schüler wohl wahr bedenklich „gläsern macht" und ethische Aspekte hervorruft. Es können sich Abhängig-

Zwölftes Kapitel: Am Ende zählt das Bürgerwohl

keiten von den Programmen einerseits herausstellen. Extrem die Frage: Hat der Schüler oder Chat GPT die Hausaufgabe erledigt? Und bezogen auf unseren Buchtitel: Wer hat das Ergebnis zustandegebracht: ein einzelner Mensch oder das System? Andererseits kann Lehrzeit eingespart und zur Förderung der Schüler nützlicher eingesetzt werden.

Ad 3: Bei der Verbreitung von Zeitungen und elektronischen Massenmedien ist die Art der Bezahlung wichtig. Tages- und Wochenzeitungen und Fachzeitschriften werden überall in der Welt von Abonnenten und Lesern gekauft. Diese Printmedien finanzieren sich obendrein durch Werbeanzeigen und im Fall von fach- und verbandsgebundenen Publikationsorganen durch Stiftungen, Kammern und Verbände. Hörfunk und Fernsehen von Seiten privater Programmveranstalter werden primär über Werbeeinnahmen in Form von Sponsoring, daneben durch Lizenzgeschäfte und Spenden finanziert. Die öffentlich-rechtlichen Rundfunkanstalten in Deutschland erfüllen einen gesetzlichen Programmauftrag und es stehen ihnen Rundfunkgebühren - viele Nutzer sprechen von zweckgebundenen Steuern - zur Verfügung. Außerdem erzielen sie Erträge aus Werbesendungen und Lizenzgeschäften. Kommerzielle Erträge decken auch die Aufwendungen und Gewinne der anderen elektronischen Massenmedien wie Internet, Personal Computer und Mobilfunk. Die wesentlichen Finanzierungsquellen bilden also Umsatzerlöse und Gebühren. Letztere sind besonders umstritten, weil sie auf Pflichtbeiträgen beruhen.

Öffentlich-rechtliche Hörfunk- und Fernsehanbieter hierzulande bevorzugen eine Mischfinanzierung aus Gebühreneinnahmen und Umsatzerlösen, wobei die Höhe der Anteile zu Einwänden führt. Es wird teilweise für ein rein gebührenfinanziertes, teilweise für ein auf Werbe- und Lizenzerlösen finanziertes Programm plädiert. Die Gebührenvariante braucht weniger auf Einschaltquoten zu achten und erlaubt, sich mehr für Minderheiten zu engagieren. Einerlei, ob Voll- oder Spartenprogramme, Bildungs- oder Unterhaltungssendungen, Programmauftrag oder Kommerzrundfunk vorherrschen, stets bilden Medieninhalte und Nutzungsbedarf die wesentlichen Kriterien für die Sendungen. Einschaltquoten bieten keinen verlässlichen Indikator, wenn „broadcasting" (wie in manchen Ländern) ununterbrochen läuft.

Was soll letztendlich ausgestrahlt werden? Soll man der Maxime folgen: „Weniger ist oft mehr!"? Ist die Angebots- oder die Nachfrageorientierung sinnvoll? Für angebotsorientierte Sendungen sprechen eher pädagogische und kulturelle Gründe, für an der Nachfrage ausgerichtete Sendungen eher populäre und kommerziell Gründe. Es fällt nicht einfach, die beiden Alternativen zu messen. Interviews, Befragungen oder Wahlen könnten Ergebnisse liefern, wenn sie einfallsreich durchgeführt werden. Es regen sich aber Zweifel, ob es überhaupt möglich ist, die Präferenzen des Publikums angesichts der Komplexität der Sendungen zu erfahren. Die Situation kann unbefriedigend enden, weil Alter, Geschlecht, Familienstand, Gesundheit, Herkunft, Wohnsitz, Bildungsabschluss, Wohlstand und verfügbare Zeit ein unübersichtliches Resultat bescheren. Ein einvernehmliches plurales Programm wäre vielleicht eine Lösung, freilich um den Preis der unguten Polarisierung der Gesellschaft. Es stünden sich womöglich entgeltbezahlende Sondernutzer und generell Nachfrager gegenüber, von denen öffentliche Abgaben erhoben oder denen mediale Nutzungen zum Nulltarif angeboten und via allgemeine Deckungsmittel (also Steuereinnahmen) verrechnet werden. Der Ausschlag für die Marktpreis-, Gebühren- oder Nulltarifvariante hängt vermutlich davon ab, wie sich die Renditen der Medienanbieter, der Zeitgeist, die parlamentarischen Machtverhältnisse und die Spielräume der öffentlichen Haushalte entwickeln.

Ein Prozess dürfte in diesem Zusammenhang meines Erachtens voraussehbar sein, nämlich die Veränderungen an der Leitungsspitze der Rundfunkanstalten. Je mehr sich diese marktwirtschaftlichen Bedingungen und unternehmerischen Verhaltensweisen angleichen, als desto weniger passend erweist sich die monokratische Leitung wie bei Behörden. Die wachsenden inhaltlichen und finanziellen Anforderungen ertrotzen statt der singulären Intendantenspitze eine Doppelspitze für einen künstlerischen Intendanten und einen kaufmännischen Geschäftsführer. Ähnliche Entwicklungen sind in Hochschulen, Krankenhäusern, und Theatern erkennbar. De facto (nicht de jure) haben sich dort kollegiale Vorstandsgremien etabliert.

Betrachten wir exemplarisch Rundfunkanstalten in Deutschland. Wie können Intendanten den gesetzlichen Auftrag erfüllen, wenn sie sich in puncto Controlling,

Kostenrechnung, Wirtschaftlichkeit, Personalsteuerung, Bilanzanalyse und Bilanzierung nicht auskennen? Diese betriebs- und finanzwirtschaftlichen Bereiche obliegen längst dafür zuständigen Direktoren, meist als Verwalter tituliert, die den Verwaltungs- bzw. Aufsichtsräten über die ordnungsmäßige Geschäftsführung berichten und für Rechnungslegung und Rechenschaftslegung verantwortlich zeichnen. Es mag sein, dass eine Person an der Spitze einer Hierarchie, etwa die Ressortverantwortlichkeit eines Ministers nach Art 65 Grundgesetz, Zuständigkeiten klar verteilt. In der Politik bilden selbstständiges und verantwortliches Entscheiden ein einheitliches Ganzes, so dass man etwaige Mängel in einem Geschäftsbereich einer Person politisch anrechnen lassen und sie aus dem Verkehr ziehen kann.

Dennoch überwiegen auf außerpolitischen Gebieten die Vorteile des Kollegialprinzips. Bei Meinungsverschiedenheit muss sich die Doppelspitze oder ein Vorstand einigen. Das ist besonders schwierig bei Auseinandersetzungen sowohl zwischen künstlerischen Eigenwilligkeiten als auch zwischen kaufmännischem und verwalterischem Kalkül. Erschwerend kommen noch andere, gegebenenfalls auch dominierende Einflussfaktoren hinzu, gewiss soziale und ökologische, in erster Linie bei Hochschulen und Schulen wissenschaftliche und pädagogische, bei Krankenhäusern medizinische und hygienische, bei Theatern städtische und touristische.

Grundsätzlich scheint sich eine funktionale bzw. aufgabenorientierte Kompetenzverteilung in Kollegien durchzusetzen. Andere Arbeitsteilungen nach Produkten, Regionen und Berufsständen (z.B. Ärzte, Pflegekräfte und Technik-/Verwaltungspersonal wie es Krankenhausgesetze in einigen Ländern fordern) sind nur von vorübergehender Dauer. Das trifft hauptsächlich für früher übliche Doppelspitzen nach Fachvertretern zu mit Ingenieuren/Naturwissenschaftlern und Kaufleuten, Juristen und Ökonomen, Juristen und Historikern/Journalisten/Politologen/Soziologen, um die drei wichtigsten Gespanne zu erwähnen. Das Know-how technischer Grundlagen, rechtlicher Regelungen, wirtschaftlicher Bedingungen oder spezieller Disziplinen bestimmten die Arbeitsteilung in der Leitungsstruktur. Für die verstärkte Positionierung von Kaufleuten respektive Ökonomen, speziell von Volks- und Betriebswirten gibt es einen eindeutigen Grund: der rasant wachsende Wettbewerb und das zusehends aufwendigere Management. Zu diesen Herausforderungen kommen Globalisierung, Bürokratisierung, Digitalisierung, politische Expansion, individuelle Leistungsanreize, Probleme mit anderen Kulturen, Wohlstandsgefälle, Oligopolmärkte, Strukturwandel, Rohstoffmangel und Abfallentsorgung hinzu, so dass mehrköpfige Vorstände das gegenwärtige und künftige Leitungsmodell bilden.

Gesundheit — eine Sache des Geldes

Nach Hochschulen und Medien wird als drittes Aggregat das Gesundheitssystem betrachtet. Es steckt voller Annehmlichkeiten und Ungereimtheiten. Je nach Sichtweise werden hoch- oder geringgeschätzt die Kapazitäten von Gesundheitseinrichtungen in Stadt und Land, Kommerzialisierung, Wartezeiten, Wettbewerb, industrielle Medizin, Infektionsrisiken in Krankenhäusern, Über- oder Unterversorgung von Notfällen, elektronische Gesundheitskarte, unterbezahlter Pflegedienst, zu häufiges Operieren, medizinisch-technischer Fortschritt, Standesinteressen, Gemeinsamer Bundesausschuss (G-BA) als Entscheider bei der Selbstverwaltung im Gesundheitswesen, Arzneimittelversorgung durch Drittländer, Kostensteigerungen bei Energie, Medikamenten und anderem Material, unzureichende Ausbildungssituation, fehlende Qualifikationskontrollen, Verhältnis von gesetzlichen und privat versicherten Personen, Verhältnis von ambulanter und stationärer Versorgung, Belastungen durch Ausnutzung der gesetzlichen Krankenversicherung, Bezahlsystem für medizinische Leistungen usw.

Aus der Fülle der Problemlagen soll hier lediglich der Versicherungsschutz aufgegriffen werden, denn er steht symptomatisch für eine hauptsächliche Schwachstelle im deutschen Gesundheitssystem. Die gesetzliche Krankenversicherung ist intransparent und unsolidarisch. Die rechtlichen Vorgaben des fünften Buches Sozialgesetzbuch (SGB V) enthalten Leerformeln: die Leistungen müssen „ausreichend, zweckmäßig und wirtschaftlich" sein und dürfen „das Maß des Notwendigen nicht überschreiten". Nur: Leerformeln sind interpretationsfähig, wovon insbesondere von den Kassen reichlich Gebrauch gemacht wird. Über 100 Kassen der gesetzlichen

Krankenversicherung erfüllen für nahezu 90 Prozent der Bevölkerung die Aufgabe, Sach- und Dienstleistungen der Leistungserbringer (Ärzte und Psychotherapeuten) meist über die 17 Kassenärztlichen und 17 Kassenzahnärztlichen Vereinigungen abzurechnen. Nach dem geltenden Sachleistungsprinzip erfolgt die Abrechnung nicht über den Patienten, sondern über dessen Arzt bzw. Psychotherapeuten. Der gesetzlich versicherte Patient erfährt weder welche Leistungen erbracht noch wie sie (in Geldeinheiten) bewertet worden sind. Obwohl die Daten und Taten für die Abrechnung existieren und kein zusätzlicher bürokratischer Aufwand notwendig ist, wird das Leistungsspektrum dem gesetzlich versicherten Patienten nicht bekanntgegeben.

Das System lädt dazu ein, dass diese Patienten zu Ignoranten, ja als unmündige Bürger behandelt werden, in Unkenntnis Forderungen stellen, ihrer Unzufriedenheit Nachdruck verleihen, die an ihnen erbrachten medizinischen Leistungen nicht kontrollieren können und danach streben aus dem „Solidarfonds" möglichst viel herauszuholen. Bei den mit den Kassen verbundenen Vertragsärzten (analog Vertragszahnärzten) und Psychotherapeuten kann es aus fahrlässigen oder vorsätzlichen Gründen zu Fehlverhalten kommen, so dass der „Solidarfonds" mehr Mittel verteilt als es gesetzlich vorgesehen ist und eine terminologische Auslegung der genannten WANZ-Begriffshülsen („wirtschaftlich", „ausreichend", „notwendig", „zweckmäßig") zulässt. Wie bei einer Allmende findet eine Übernutzung zu Lasten der Solidargemeinschaft statt. Im Unterschied zur Allmende,

Gesundheit — eine Sache des Geldes

wo Brachen (durch Rodung, Überfischung, Wasserabzweigung oder Überweidung) augenscheinlich werden, können die gesetzlichen Versicherten nicht registrieren, ob und inwieweit ihre Pflichtbeiträge unzureichend sind und man Defizite mittels Steuereinnahmen ausgleichen muss.

Bei der Einführung der gesetzlichen Krankenversicherungspflicht im Jahr 1883 durch Otto von Bismarck (1815-1998) wurde das Sachleistungsprinzip für eine überschaubare Bevölkerungsschicht verankert, nämlich für Arbeiter mit geringem Einkommen. Inzwischen sind 140 Jahre vergangen. Die Versicherungspflicht in der Krankenversicherung wurde ausgeweitet auf den Großteil der Bevölkerung (einschließlich Angestellte und Selbständige mit Wohnsitz in Deutschland) für Leistungen bei Schwangerschaft und Mutterschutz, zur Verhütung und Früherkennung von Krankheiten und zur Absicherung im Krankheitsfall, bei Unfällen und bei Krankheits- und Unfallfolgen (insbesondere Rehabilitation). Das seinerzeit gerechtfertigte Sachleistungsprinzip hätte längst vom Kostenerstattungsprinzip abgelöst werden müssen, das für privat Versicherte gilt, der üblichen Praxis im gesellschaftlichen und wirtschaftlichen Leben entspricht und von allen Menschen verstanden wird.

Warum können die erbrachten ärztlichen Leistungen nicht zunächst direkt gegen Rechnung ausgewiesen und anschließend von der gesetzlichen Krankenversicherung erstattet werden? Wie beispielsweise bei einer Dachdeckerreparatur nach einem Schaden, den die Gebäudeversicherung reguliert. Gegen diesen vernünftigen Paradigmenwechsel stemmen sich nahezu alle vom derzeitigen Gesundheitssystem profitierenden Kräfte: die Politik scheut die Auseinandersetzung, die Gesundheitsverwaltungen meiden die Umstellungen bei Bewertung, Abrechnung, Budgetierung und Vergütung; die Standesvertreter in Kassenärztlichen und Kassenzahnärztlichen Vereinigungen, Ersatzkassen, Allgemeinen Ortskrankenkassen, Betriebskrankenkassen, Innungskrankenkassen, Landwirtschaftlichen Krankenkassen und bei der Knappschaft, in Kliniken, Medizinischen Versorgungszentren und Praxen verlieren Besitzstände, Einfluss und Einkommen.

Die Unkenntnis und die mangelhafte Kontrolle der gesetzlich versicherten Patienten sind mit einer kostspieligen Konsequenz verknüpft: mit der Kommerzialisierung des Gesundheitswesens. Ursprünglich für nicht profitorientierte Krankenhäuser und Arztpraxen gedacht, etablierte sich nach und nach — bedingt auch durch den medizinisch-technischen Fortschritt, hoch entwickelte Implantate, ambulantes Operieren und eine erfolgreiche Pharmaforschung — eine industrialisierte Gesundheitswirtschaft. Neben staatliche und kommunale sowie gemeinnützige Krankenhäuser der freien Wohlfahrtsträger (Arbeiterwohlfahrt, Deutscher Caritasverband, Deutscher Paritätischer Wohlfahrtsverband, Deutsches Rotes Kreuz, Diakonie Deutschland und Zentralwohlfahrtsstelle der Juden in Deutschland) traten und treten zunehmend Krankenhäuser privater Gesundheitskonzerne und von Investoren betriebene Tageskliniken und Arztpraxen. Das ehemals dominierende Arztgelöbnis und Standesrecht befindet sich auf dem Rückzug, wenngleich die ärztliche Ethik wie bisher darauf pocht, Kranke zu heilen, sexuelle Handlungen an Patienten und aktive Sterbehilfe zu unterlassen sowie über Kranke und deren Krankheiten zu schweigen. Sogar die Mehrzahl der gesetzlich Versicherten dürfte den Wechsel zum Kassenerstattungsprinzip ambivalent beurteilen, obwohl sie der bürokratische Aufwand nicht betrifft, die Verrechnungen ohne sie stattfinden, finanzielle Belastungen ausbleiben und „auf andere" verteilt werden (anonym auf eine riesige Zahl von Beitrags- und Steuerzahlern).

Krankenvereine auf Gegenseitigkeit

Zusätzlich zum Wechsel vom Sachleistungsprinzip zum Kassenerstattungsprinzip verspricht eine Regionalisierung der zentralisierten Solidargemeinschaft Effektivitäts-, Effizienz- und Wirtschaftlichkeitseffekte. Im Sinne des Buchtitels: das Ganze wird verkleinert, damit der Einzelne es mit kleinen Einheiten zu tun hat. Die genannten Wirkungen könnten wie bei einem Versicherungsverein auf Gegenseitigkeit (VVaG) bei einer Krankenversicherung auf Gegenseitigkeit (KVaG) angestrebt werden. Bei dieser neuen Rechtsform würden die Versicherungsnehmer zu Mitgliedern und Trägern eines genossenschaftlich organisierten Vereins. Mitglieder des regionalen Krankenvereins auf Gegenseitigkeit wären alle in dieser Region geborenen Personen, auch wenn

Zwölftes Kapitel: Am Ende zählt das Bürgerwohl

sie irgendwann umsiedelten. Damit erhielte man eine Mischung der Krankheitsrisiken. Falls sich dennoch Risikoschwerpunkte herausstellten, könnten Ausgleiche zwischen KVaGs vorgesehen werden. Diese KVaGs mit abzählbaren Mitgliedern und auf Gegenseitigkeit ausgerichteter Zielsetzung bilden Solidargemeinschaften, die nicht (wie Allmende) überfordert werden und deshalb zielorientiert (d.h. effektiv) wirken. Die durch Zentralisierung hervorgerufene Anonymität bei allzu großen namenlosen Körperschaften würde bei kleineren Vereinen vermieden. Von KVaGs ist zu erwarten, dass sie ihre Mittel zweckmäßig (d.h. effizient) und kostengünstig (d.h. wirtschaftlich) einsetzen. Flott käme das Füreinandereintreten dem Slogan nahe: „Small is beautiful."

Ihre Wirksamkeit können die Krankenversicherungsvereine auf Gegenseitigkeit mit Hilfe unternehmerischen Verhaltens unter Beweis stellen. Die Geschäftspolitik würde mit vorbeugendem Marketing beginnen, um Krankheiten abzuwenden und zu lindern. Über Ernährung und Bewegung wären die Menschen genauer zu informieren. Ebenso über Sucht- und Unfallgefahren. Da die meisten Menschen wenig über die biologischen Zusammenhänge im eigenen Körper wissen und Krankheiten nicht zu deuten vermögen, empfehlen sich für Krankheiten, auch für chronische Krankheiten, ihren Verlauf und mögliche Folgen Kampagnen. Es fände ein Wettbewerb zwischen den KVaGs statt, die im Zusammenhang mit den Erbringern der medizinischen Leistungen gegen Krankheiten und Unfälle und für gesunde Mitglieder zu Felde zögen.

Zeitgeist und Geisteshaltung

Dass das intransparente und unsolidarische Sachleistungsprinzip sich so lang behauptet, obwohl es ineffektiv, ineffizient und unwirtschaftlich ist, liegt wohl an der verbreiteten Mentalität in Deutschland, primär ordnungsgemäß bzw. korrekt zu handeln. Zugespitzt formuliert: Auch eine fehlerhafte oder falsch gestellte Aufgabe wird regelrecht erfüllt statt sie zu hinterfragen.

Es ist schwierig, eingetretene Pfade zu verlassen. Besonders kompliziert ist es, Vorgänger zu überholen. Man darf dann nicht aus Bequemlichkeit Fährten nutzen, sondern muss Maßnahmen erkunden, die besser und schneller zum Ziel führen. Die Hochschulen, die Rundfunkanstalten und das Gesundheitssystem bieten in Deutschland Anlass, über Veränderungen nachzudenken und Verbesserungen anzustreben. Bislang werden Innovationskraft und Genauigkeit dafür eingesetzt, dass Institutionen wachsen. Die Manie der Vergrößerung erfahren auch Produkte, Programme, Verträge und Veranstaltungen. Auf Vergrößerung zielt man vor allem im Wirtschaftsleben, wo größere Investitionen und Umsätze und größere Gewinne locken und im Alltag größere Autos, Wohnungen und Häuser eine Rolle spielen, aber auch in der politischen Praxis, die Mehrheiten sucht. Kurzum: Die gegenwärtige Denkweise ist auf Größe getrimmt. Dazu gehört ebenso die Maximierung von Reputation, Machtfülle und Einkommen, nicht zu vergessen ein nacheifernswertes Ausgabenverhalten mit möglichst großem Sponsoring, Spenden und Stiften.

Zwölftes Kapitel: Am Ende zählt das Bürgerwohl

Doch die schiere Größe tut dem Beziehungseffekt zwischen dem Einzelnen und dem Ganzen nicht gut. Denn Ausweitung und Wachstum bringen zwar Pluspunkte — wie Zeitgeist und Geisteshaltung verheißen. Aber ein persönliches Vertrauensverhältnis zu Institutionen und Personen entsteht nicht. Wer das will, muss auf Qualität Wert legen und sein Verhalten mäßigen.

Beide Eigenschaften könnten eine Wende hierzulande einleiten, denn die Voraussetzungen liegen seit Generationen vor: Kreativität und Korrektheit. Sie müssten nur umgedeutet werden. Statt auf Größe, Menge und Volumen und akkurate Erledigung ausgerichtet zu sein, sollten Zielbestimmung und Zielerreichung betont werden.

Oberstes Strategieziel: Bürgerwohl

Oberstes strategisches Ziel ist das Wohl des Bürgers, das als Gemeinwohl mit dem Wohl der Gesellschaft und des Staates korrespondiert. Daraus resultieren operative Aufgaben wie sich am Beispiel von Hochschulen, Rundfunkanstalten und des Gesundheitssystems zeigte. Nicht Ausweitung und Wachstum fördern letzten Endes das Bürger- und Gemeinwohl, sondern Qualitätsanspruch und Reduktion. Um es kurz in Erinnerung zu rufen: Universitäten sollten Wissenschaft und Nachwuchs den Weg ebnen, Fachhochschulen in erster Linie auf Anwendung des Wissens bedacht sein und Studiengebühren und Stipendien zur Qualitätsverbesserung beitragen. Massenmedien sollten demokratischen

Regeln unterworfen werden und frei sein für gezielte, überzeugende und faire Berichte und Sendungen, auch für Minderheiten. Im Gesundheitssystem sollte man das Kassenerstattungsprinzip und Krankenvereine auf Gegenseitigkeit einführen.

Bevor diese funktionalen und regionalen Reformen realisiert werden, muss man sich über Zielsetzungen einigen. Das dürfte für viele Menschen ungewohnt sein, obwohl es vernünftig ist, mit erwünschten Zielen zu beginnen. Meist werden sie entweder unterstellt oder nicht diskutiert, weil sie sich verhaken und widersprechen können. Argumente werden dann nur für Aufgaben, Maßnahmen und Tätigkeiten ausgetauscht. Sie sind greifbarer und für verstandeslogische Ableitungen gut nachvollziehbar. Konzentrieren sich Kreativität und Korrektheit darauf (und nicht auf Vernunft und Sinn), erhält man suboptimale Lösungen, die möglicherweise langfristig und im Vergleich mit Konkurrenten einigermaßen befriedigen, aber dann doch keine Spitzenposition versprechen. Vernünftig bzw. sinnvoll ist es, die Wahrheit zu erkunden, der Gerechtigkeit zu dienen, Wohltaten zu vollbringen, den Lebensunterhalt zu sichern, im Geschäftsleben fair zu sein, wertgeschätzt zu werden, im Jenseits Barmherzigkeit zu erhoffen usw.

Die gesamte Gesetzgebung und beachtenswerte Bereiche der ausführenden Gewalt und Rechtsprechung befassen sich in Deutschland allerdings mit öffentlichen Aufgaben und der Auslegung ihrer Vollziehung. Öffentliche Aufgaben, die der Bund, die Länder oder die Gemeinden — im Falle von Gemeinschaftsaufgaben Ge-

Zwölftes Kapitel: Am Ende zählt das Bürgerwohl

bietskörperschaften verschiedener Ebene — erledigen und verantworten, hängen gewissermaßen in der Luft, wenn sie keinen festgelegten Zielen folgen. Denn: Ein nicht definiertes Zeil lässt sich nicht erreichen.

Kreative Kräfte und regelkonforme Vorgehensweisen vermögen, Ziele auszudrücken und für ihre Erreichung zu sorgen. Es entpuppt sich Zielkonkurrenzen sowie Konflikte und Konsens bei Betroffenen und es wird gegebenenfalls erkannt, wer, wie, wo und wann von den projektierten oder realisierten Diensten und Einrichtungen profitiert oder mit Nachteilen zu rechnen hat. Diese Wirkungsanalyse zusammen mit der Ausdauer, am sog. Bewährten festzuhalten, dürfte ein weiterer Grund für mangelnden Reformwillen sein, neben der Schwäche, sich überhaupt mit Zielen auseinanderzusetzen. Was heißt schon Bürgerwohl oder Gemeinwohl? Handelt es sich um realistische oder idealistische Ziele? Ist das Wohl des einzelnen Bürgers vom Wohl der Bürgerschaft und Gesellschaft zu unterscheiden? Und wie verhält es sich mit dem gesellschaftlichen, kulturellen, wirtschaftlichen und ökologischen Wohl und dem Wohlbefinden des Staates? Welchen Staates: der Demokratie oder der (weitverbreiteten und schöngefärbten) Autokratie, die sich bei näherer Betrachtung als bemäntelte Diktatur erweist? Können sich die Antworten auf das Kriterium der freien Wahl stützen? Wie frei sind sie? Oder werden Wahlen manipuliert? Ist das Wohl des Einzelnen oder der Bürger oder von Institutionen (z.B. der Hochschulen oder der Wissenschaft, der Medien oder des Rundfunks, des Gesundheitssystems oder der

Gesundheitswirtschaft oder anderer Aggregate) oder das Gemeinwohl aller Beteiligten als Ziel gesetzt?

Ziele werden durch Zeitgeist und Geisteshaltung beeinflusst. Meist variieren Ziele, wenn sie sich überleben. In Kriegszeiten sehnt man sich nach Frieden, in Hungersnöten nach Nahrung, in Armut nach Wohlstand, bei Epidemien nach Gesundheit. Dem Einzelnen ist das Ganze wichtig, weil er sein Schicksal in der Regel mit dem Ganzen teilt. Erweisen sich Ziele als verkehrt oder sind sie erreicht worden, werden sie aufgegeben.

Bei der Zielsuche kann ein Instrument aus dem Kasten der Unternehmensführung hilfreich sein. Man muss die Schwachstellenanalyse auf die Situation des Gemeinwesens übertragen und fragen, wo das schwächste Glied die Zugkraft der Kette begrenzt. Zielt man auf das Wohlergehen der Bürger, wird man deren Lebensphasen prüfen. Was läuft schief mit der vorschulischen Erziehung, mit Schulen, Ausbildung und Studium? Wo werden welche Werte wie vermittelt? Besitzt die Verfassung Bestandskraft? Sind Freiheit und Bindung austariert? Wie geht man mit Minderheiten um? Wo erlebt man Gegensätze und Missstände und wie lassen sie sich vermeiden? Was wird für Sicherheit im öffentlichen und privaten Leben getan, präziser: für äußere und innere Sicherheit, für sichere Arbeitsplätze, Einkünfte, Roh-, Hilfs- und Betriebsstoffe, Währung, technische Ausrüstung usw.?

Das Verhältnis des Einzelnen zum Ganzen umfasst auch das Verhältnis zu Mitmenschen, Tieren, Pflanzen und zur unbelebten Natur. Jeder Mensch muss sich als Kreatur und Bestandteil des gegenwärtigen Globus begreifen, und manche Buddhisten, Hinduisten, Juden, Christen und Muslime glauben an eine jenseitige Welt. Dann steht der Einzelne dem Ganzen nicht mehr objektiv, sondern subjektiv gegenüber. Dann versagt Wissen und setzt der Glaube ein.